dtv

Radikale Marktliberale einerseits, autoritäre Populisten andererseits gaukeln uns für die globalen Herausforderungen
einfache Lösungen vor. Was wir brauchen, ist jedoch etwas
anderes: ein illusionsloser, historisch informierter Blick auf
die Gegenwart und die Überzeugung, dass allen Menschen ein
freies Leben zusteht. So können wir unsere humane Gesellschaft retten.

»Philipp Bloms Buch bietet jede Menge Stoff zum Nachdenken.« *Günter Kaindlstorfer, Bayern 2*

Philipp Blom, geboren 1970 in Hamburg, studierte Philosophie,
Geschichte und Judaistik in Wien und Oxford. Er lebt heute
als Schriftsteller und Historiker in Wien und schreibt
regelmäßig für europäische und amerikanische Zeitschriften
und Zeitungen.

PHILIPP BLOM

WAS AUF DEM SPIEL STEHT

dtv

Ausführliche Informationen über
unsere Autoren und Bücher
www.dtv.de

Die Taschenbuchausgabe enthält zusätzlich die vielgepriesene 2018er Salzburger Festspielrede von Philipp Blom, ›Wir sind alle Kinder der Aufklärung‹

Bei dtv ist von Philipp Blom außerdem lieferbar:
›Böse Philosophen. Ein Salon in Paris und
das vergessene Erbe der Aufklärung‹ (34755)
›Der taumelnde Kontinent. Europa 1900-1914‹ (34678)
›Die zerrissenen Jahre. 1918-1938‹ (34878)
›Sammelwunder, Sammelwahn‹ (28046)
›Bei Sturm am Meer. Roman‹ (14638)
›Die Welt aus den Angeln. Eine Geschichte der Kleinen Eiszeit von
1570 bis 1700 sowie der Entstehung der modernen Welt, verbunden mit
einigen Überlegungen zum Klima der Gegenwart‹ (34940)

MIX
Papier aus verantwortungsvollen Quellen
FSC
www.fsc.org
FSC® C083411

Ungekürzte Taschenbuchausgabe 2019
2. Auflage 2019
dtv Verlagsgesellschaft mbH & Co. KG, München
© der Salzburger Festspielrede: Philipp Blom 2018
© Carl Hanser Verlag München 2017
Lizenzausgabe mit Genehmigung des Carl Hanser Verlag

Umschlaggestaltung: nach einem Entwurf von
Peter-Andreas Hassiepen, München
Satz: Fotosatz Amann, Memmingen
Druck und Bindung: CPI books GmbH, Leck
Gedruckt auf säurefreiem, chlorfrei gebleichtem Papier
Printed in Germany · ISBN 978-3-423-34951-2

Für Paul
und für Veronica,
ohne die ich dieses
Buch niemals hätte
schreiben können

KEIN PLANET B

Es wäre wunderbar, einen Zweitplaneten zu haben, einen idealen Beobachtungspunkt für die Erde, auf der Homo sapiens, ein Opfer seines eigenen evolutionären Erfolgs, ein historisches Experiment durchlebt, dessen Scheitern auch sein Ende bedeuten könnte. Werden die faszinierenden Primaten es schaffen? Was für Folgen hat die immer größere technologische Reichweite ihrer Ambitionen? Wann, wenn überhaupt, werden sie sich ihrer Lage bewusst? Und haben sie genug gemeinsamen Überlebenswillen? Von einem anderen Planeten aus wäre das faszinierend zu beobachten.

Noch aber wurde kein solcher Zweitplanet gefunden.

ERTAPPT

Immer wieder ertappe ich mich bei der Frage, ob die Dinge wirklich so kommen könnten, wie ich sie hier dargestellt habe, ob das nicht alles weit hergeholt ist, ein wenig hysterisch. Ich klopfe die Argumente ab, ich vergleiche. Ich komme zu dem Schluss: nein, nicht hysterisch.

Wirklich glauben will ich es aber immer noch nicht.

INHALT

NO FUTURE, INC.

Nehmen wir ein Glas Wasser. Dies ist kein normales Wasser.
Es wurde eingeschenkt aus einer Flasche Cristallo Tributo a
Modigliani. Mundgeblasen und mit 24-karätigem Gold ver-
ziert kostet sie etwa 50 000 Euro – inklusive des Inhalts, einer
Cuvée der besten Mineralwässer aus Fidschi, Frankreich und
einem isländischen Gletscher. Es ist Wasser, das abgeschmol-
zen ist, und nicht einmal das einzige Gletscher-Mineralwas-
ser. Dafür ist es das mit Abstand teuerste der Welt. Um die
30-Euro-Marke aber wird der Markt recht kompetitiv. Es gibt
genug Leute, die so viel Geld für eine Flasche Wasser ausgeben
wollen, auf Wunsch mit Kristallverzierung.

Wasser wird immer kostbarer. Es wird Kriegsgrund, Macht-
basis, Handelsgut, Erpressungsmittel, Auswanderungsmotiv
sein. An einigen Orten steht es immer höher, während es
anderswo ganz ausbleibt. Währenddessen trinkt das oberste
Prozent eines Prozents der Weltbevölkerung aus vergoldeten
Flaschen Wasser von Gletschern, die bald verschwunden sein
werden. Willkommen in der Gegenwart.

■

13

Die Gegenwart ist immer opak, undurchschaubar. Es ist schwer, die Konturen der Landschaft zu erkennen, wenn durchziehende Wolken und Nebel die Sicht behindern. Machen wir deswegen einen Selbstversuch, ein Gedankenexperiment. Stellen wir uns vor, die Gegenwart wäre nicht Gegenwart, das Produkt einer bestimmten Geschichte und die Normalität, in der wir alle leben, sondern längst vergangen, ein Punkt auf einer langen Linie von Veränderung und Evolution, ein Durchgangsstadium der Geschichte. Was würden wir sehen, wenn wir die Jahre 2017, 2018, 2019 aus einer Entfernung von zwei oder drei Generationen betrachten könnten?

Stellen wir uns vor, eine junge Historikerin würde in 50 Jahren an einer Geschichte des frühen 21. Jahrhunderts arbeiten. Was würde ihr auffallen? Was wird sie als die entscheidenden Faktoren betrachten? Was an unserer Zeit wird ihr unverständlich sein? Worauf würde sie ihr Augenmerk lenken? Sicherlich nicht auf die Namen von Staatsoberhäuptern, Demagogen und Managern, auf Terrorgruppen und Stars oder auf regionale Kriege. Von ihrer Perspektive aus gesehen wird ihr etwas anderes wichtig erscheinen.

Wenn die junge Historikerin der Zukunft in einem hochentwickelten Land lebt, ist es fast sicher, dass beinahe die gesamte Arbeit von intelligenten Robotern, Algorithmen und anderen Maschinen verrichtet wird. Auch ihre Recherchen werden sicherlich durch Algorithmen angereichert, die enorme Datenmengen verdauen und aufbereiten können. Das hat seine Tücken, schließlich vertraut sie damit implizit dem Urteil des Algorithmus, aber sie wird sich nie bei winterlichen Recherchen in einem zugigen Archiv eine Erkältung holen, wenn sie das vermeiden möchte. Allerdings wird auch das vormals so kühle Archiv etwas wärmer sein, denn das Klima der Erde wird sich schon wesentlich verändert haben, und Europa wird davon abhängig sein, ob der Golfstrom bis dahin zum Erliegen gekommen ist oder nicht; es wird dann entweder ein wesentlich wärmerer oder aber ein wesentlich kälterer Kontinent geworden sein.

Was also würde sich diese Historikerin fragen, wenn sie über das frühe 21. Jahrhundert forscht? Sie würde wahrscheinlich zwei Dinge nicht verstehen. Einerseits würde sie sehen, dass die beginnende Erderwärmung längst wissenschaftlich erfasst war und beobachtet wurde, dass die damaligen Gesellschaften aber nur sehr langsam und zögerlich auf diese enorme Transformation reagierten. Andererseits würde sie sehen, dass die Digitalisierung bereits angefangen hatte, tief in wirtschaftliche Zusammenhänge, soziale Strukturen und politische Machtgefüge einzugreifen und sie neu zu formen, aber dass auch diese Entwicklung nur kleinteilige und häufig rein symbolische Reaktionen nach sich zog. In den damaligen Gesellschaften, so könnte sie schließen, drehte sich aus schwer erklärlichen Gründen alles um die Verwaltung von Erwartungshaltungen und um die Verteidigung von Privilegien. Die Zukunft war im Grunde ausgesperrt worden.

Warum, wird unsere Historikerin sich fragen, hat man damals so starr an einem wirtschaftlichen Modell festgehalten, das gefährlich und überholt war, warum gab es keine gigantischen Demonstrationen und bewaffneten Aufstände, um eine rasche und entschlossene Wende einzuleiten? Warum haben sie ihren eigenen Wissenschaftlern nicht geglaubt? Damals wäre eine Weichenstellung vielleicht noch möglich gewesen. Haben die Menschen denn nicht gewusst, dass 16 der 17 heißesten jemals gemessenen Jahre zwischen 2000 und 2017 lagen? Haben sie nie eine Fabrik gesehen, die schon damals fast ohne menschliche Arbeit auskam? Haben sie einfach ihren Augen nicht trauen wollen, oder haben sie sich aus irgendeinem bestimmten Grund geweigert, aus dem, was sie sahen, Konsequenzen zu ziehen?

Statt einer Antwort ein Stimmungsbild: Die reichen, demokratischen Länder, die großen Wirtschaftsmächte, die G7 oder G8, die ehemaligen Kolonialherren und ehemaligen Industriestandorte sind in ein reaktionäres Zeitalter abgerutscht. Ihr schönstes Gefühl ist Nostalgie. Sie wollen keine Zukunft. Zukunft ist Veränderung, und Veränderung ist Verschlechterung, bedeutet millionenfache Migration, Klimawandel, kollabierende Sozialsysteme, explodierende Kosten, Bomben in Nachtklubs, Umweltgifte, ausbleichende Korallenriffe, massenhaftes Artensterben, versagende Antibiotika, Überbevölkerung, Islamisierung, Bürgerkrieg. Zukunft sollte vermieden werden. Die Menschen in der reichen Welt wollen nur, dass die Gegenwart nie endet.

Politik hat früher in Visionen gesprochen, und diese Visionen waren mörderisch. Heute hat man realistischere Ansprüche. Politik wird Sachverwaltung, Erwartungsmanagement, Customer Service. Nur Wohlfühl-Gurus, Silicon-Valley-Typen und Sektenführer sprechen noch von Utopie, von einer besseren Welt, die vor uns liegt, in der die Probleme der Gegenwart nur noch Erinnerung sind, sonst sind die Projektionen unserer Zukunft allesamt trostlos bis verzweifelt: Houellebecq und Hollywood, Lars von Trier und wissenschaftliche Langzeitstudien, Cormac McCarthy und zahllose Computerspiele zeichnen Dystopien. Eine vage Panik kursiert in unseren Adern. Kaum jemand in der reichen Welt glaubt noch ernsthaft, dass es den eigenen Kindern besser gehen wird, dass harte Arbeit belohnt wird, dass Politiker im Interesse ihrer Wähler handeln wollen oder können, dass die Menschheit ein besseres Morgen erwartet. Also lieber keine Veränderung. So wird es zum höchsten Ziel, den Status quo zu erhalten.

Die Veränderung aber, die Gezeit des Neuen, steigt. Sie verdrängt Millionen durch Dürre und Überschwemmungen und treibt sie auf die Flucht, sie verdrängt in reichen Ländern unerbittlich mehr und mehr Menschen aus ihren Jobs, sie schafft Unsicherheit, sie dehnt und staucht das uns vertraute Maß der Welt, jeder Schritt und jeder Handgriff fühlt sich unerwartet, künstlich an. Ein weit verbreitetes Gefühl, das noch nicht zu Verständnis geronnen ist, sagt uns, dass wir die Kontrolle verlieren, dass nichts mehr so ist, wie es einmal war, dass wir nicht mehr kontrollieren und nicht mehr begreifen können, was gerade vor sich geht. Wir halten uns also an das, was wir kennen, was bequem ist. Die Zukunft ist schließlich ohnehin ungewiss.

Wenn wir nicht an dem festhalten können, was wir haben, werden wir alle untergehen. Die Ratten packen schon ihre Sachen, die Superreichen kaufen sich *boltholes* in Neuseeland, Refugien mit Nahrungsreserven, Bunkern und Generatoren, um sich vor der nahenden Apokalypse zu retten. Dabei haben ihre Vorboten längst die Küsten des idyllischen Inselstaats erreicht. Intensive Viehzucht trocknet Flüsse aus und verpestet sie mit Chemikalien, immer größere Teile der landwirtschaftlichen Flächen und der Infrastruktur gehören chinesischen Investoren, und das früher sagenumwobene Sozialsystem des Landes – eine Art Schweden mit Sonne – wurde im Zuge einer wirtschaftlichen Reform- und Privatisierungskampagne abgebrochen, eingestellt oder verscherbelt.

Heute ist Neuseeland ein Fluchtort für die apokalypsegeile Elite des Silicon Valley. Gleichzeitig ist Armut auch dort nichts Ungewöhnliches mehr, eine steigende Zahl von Kindern kommt morgens mit leerem Magen in die Schule, ältere Schüler machen Nebenjobs statt Hausaufgaben, um das Familieneinkommen aufzubessern, Lehrer verbringen einen Gutteil ihrer Zeit damit, von privaten Spendern Geld für ihre Schule aufzutreiben, um wenigstens das Allernötigste zu gewährleisten. An einer Bushaltestelle in Auckland beachtete ich einen Mann in Freizeitkleidung, der Mülltonnen nach etwas Essbarem durchwühlte. Das Paradies ist längst zum freien Markt geworden. Wer nichts zu verkaufen hat, den beißen die Hunde.

DIE FALLE DER NORMALITÄT

Wo ist die Zukunft hin? Wer hat sie vernichtet, in welches Loch hat sie sich verkrochen? Ist der Erhalt des Status quo das Beste, worauf wir hoffen können? Und können Gesellschaften ohne Hoffnung lange existieren?

Zuerst: Die Zukunftslosigkeit betrifft die Gesellschaften des sogenannten Westens, die viel zu verlieren haben. Beobachter aus Südamerika, Asien und Afrika konstatieren, dass die ehemaligen Kolonialherren den Verlust ihrer Macht betrauern, während besonders in Südostasien noch immer Aufbruchstimmung herrscht und Hunderte von Millionen aus der bittersten Armut befreit wurden. Aber auch übergroßer Optimismus kann die Atmosphäre vergiften. Auch in Neu-Delhi und Peking muss man die Luft atmen können, die der Fortschritt produziert.

Im reichen Westen kann man atmen, denn der schlimmste Dreck, die schlimmste Zerstörung, die diese Gesellschaften produzieren, wurden an ihre Peripherie verbannt, dorthin, wo niemand hinsieht. Aus den Augen, aus dem Sinn. Das Erdöl hat eine ganz eigene Geografie des Terrors und der Bürgerkriege geschaffen, der Hunger des Westens frisst sich täglich weiter in die Regenwälder. Aber während Palmöl und Soja anderswo Leben und Lebensformen vernichten, sehen die Konsumenten nur Kosmetik und Schokolade und Hamburger.

So mästet gerodeter Regenwald Rinder und preisbewusste Verbraucher anderer Kontinente, die ihre patriotische Pflicht tun, indem sie zum Wirtschaftswachstum beitragen. Wenn es schon keine bessere Zukunft geben kann, kann man doch zumindest die Gegenwart angenehm gestalten. Trotzdem hängt etwas in der Luft: eine Ahnung, eine Angst, eine immense Wut. Viele Menschen wollen zurück in eine bessere Vergangenheit, Mauern bauen, sich wieder sicher fühlen. Dazu passt, dass sich die westlichen Gesellschaften immer weiter musealisieren. Es gibt nach einer Schätzung des International Council of Museums rund 55 000 Museen auf der Welt, rund zwei Drittel davon stehen in Europa und den USA, Deutschland allein zählt fast 7000 Museen. Mehr als die Hälfte von ihnen wurden in der Nachkriegszeit gegründet. Die Vergangenheit als zu konservierendes Totem derer, die glauben, keine Zukunft mehr zu haben.

Das alles ist so, weil es so sein muss, eine logische Entwicklung, das Resultat technologischer Fortschritte und politischer Verwerfungen. Die Welt ist, wie sie ist, weil es nicht anders kommen konnte. Vielleicht ist es der alte Kreislauf von der Blüte zur Dekadenz, ein historisches Gesetz, von dem schon die alten Griechen schrieben.

Das zu glauben hat eine gewisse Logik. Vielleicht ist aber auch das Gegenteil der Fall. Vielleicht sind unsere Gesellschaften aus Zufällen entstanden, aus Missverständnissen, Improvisationen und Kompromissen, misslungenen Morden und glücklich gewonnenen Schlachten, geführt von unverhofft auftauchenden charismatischen Führern oder mittelmäßigen Monarchen zur falschen Zeit am falschen Ort, durch Klimaschwankungen, individuelles Glück und Pech – und durch enorm viel Kohle, Erdöl, Stahl und Beton. Keine Vorsehung hat die Welt so gelenkt, kein Fortschritt so geformt. Es könnte alles auch anders sein.

Der Gedanke, dass alles so ist, wie es ist, weil es nicht anders sein könnte, lässt alles Nachdenken über Alternativen erstarren. Es ist das Denken des Marktes mit Echos viel älterer, religiöser Gefühle, die hinter den Ereignissen einen Plan vermuten, eine Vorsehung, eine unsichtbare Hand – eine seltsam tröstliche Vorstellung. Es wird schon alles nicht so schlimm werden, wir sind noch immer davongekommen, schließlich kann das hier ja nicht alles sein, schließlich ist die menschliche Geschichte ein langer Marsch zum Licht, wenn auch mit dramatischen Kollateralschäden, aber wo viel Licht ist, ist eben auch viel Schatten.

Es ist destabilisierend, aber auch befreiend, das Gegenteil anzunehmen. Nichts an der gegenwärtigen Situation ist natürlich und notwendig, nicht die berühmte freiheitlich-demokratische Grundordnung, nicht die Existenz von Menschenrechten, nicht der Klimawandel oder die Digitalisierung der menschlichen Arbeit, nicht die Steigerung von Lebensstandard und Lebenserwartung in vielen Ländern, nicht die Idee, eine Gesellschaft sei wie eine Firma zu führen. Es sind kontingente und oft zufällige Entwicklungen, Produkte einmaliger Gemengelagen, Durchgangsstadien in eine noch unbekannte Zukunft. Das aber heißt auch: Alles könnte auch anders sein, nur Naturgesetze sind so, wie sie nun einmal sind.

Gesellschaften sind nicht notwendig so geworden, wie sie sind. Trotzdem werden sie auch bewusst beeinflusst und geformt. Was sie überhaupt zu Gesellschaften macht, sind die Geschichten, die sie über sich selbst erzählen, Geschichten von Helden und ihren Todfeinden, von Ehre und Gewalt, davon, was Tugend bedeutet und was Laster, welche Opfer die Gemeinschaft erwartet, was sie als Preis für Heldentum verspricht, was erstrebenswert ist und was erlaubt. Gesellschaften erzählen ihren Mitgliedern über Mythen und heilige Bücher, Filme und Romane, soziale Netzwerke und Sportveranstaltungen, Kreuzworträtsel und Liebschaften, Fernsehwerbung und philosophische Werke oder auch einfach nur über Alltagssituationen. Die Geschichte, in der wir zufällig gerade stecken, mit einer objektiven Wahrheit und Notwendigkeit zu verwechseln wäre ein fataler Irrtum.

VON WASSER ZU WEIN

Noch ein flüssiges Beispiel, diesmal ein Glas Wein. In dem Glas befindet sich Traubensaft, dessen Zuckergehalt von Hefekulturen in Alkohol umgewandelt wurde. Die Einzeller sind wunderbar effektiv. Unermüdlich fressen sie alles, was sie finden, und vermehren sich explosionsartig, bis sie bei einem bestimmten Alkoholgehalt verhungern und ersticken. Aber sie wissen nichts davon, was sie erwartet. Sie fressen weiter.

Zwischen diesen einzelligen Hefesporen und Wirbeltieren liegen Jahrmillionen der Evolution, und doch hat sich ihr kollektives Verhalten kaum geändert. Besonders eines dieser Wirbeltiere, Homo sapiens, frisst sich durch natürliche Ressourcen, als wären sie unendlich, schneller denn je, gefräßiger denn je. Trotz symbolischen Denkens, Bach und Shakespeare, trotz Einstein und Michelangelo zeigt der Mensch im Kollektiv keinen evolutionären Lernerfolg gegenüber Einzellern. Die Hefepilze – das sind wir.

Die Menschen, die heute leben, sind allerdings auch die erste Generation ihrer Spezies, die sich andere Lernerfolge zunutze machen könnte. Wissenschaftliche Untersuchungen und Modelle vermitteln ihnen eine ziemlich gute Vorstellung von den wahrscheinlichen Konsequenzen ihres kollektiven Handelns – nur ist diese Vorstellung so unwirklich und unangenehm, scheinbar so weit von der gegenwärtigen Realität entfernt, dass es schwerfällt, sie zu glauben. Die Menschheit frisst weiter, gefangen in ihrer immerwährenden Gegenwart.

AUSSICHT OHNE EINSICHT: KLIMAWANDEL, DIGITALISIERUNG UND KONSUM

BETRIEBSTEMPERATUR

Wer über die Zukunft nachdenken will, muss einen Satz aus seinem Vokabular streichen. Dieser Satz lautet:»Das kann nie passieren.«

So vieles ist in den letzten Jahren geschehen, was kluge, datengefütterte oder intuitive, persönliche oder akademische Analysen für unmöglich erklärt hatten, dass es geboten scheint zu begreifen, dass ein ganz neuer Horizont politischer, ökonomischer und kultureller Möglichkeiten entstanden ist – ein Horizont der existenziellen Bedrohung und der historischen Chance.

Während ich dies schreibe, im Februar 2017, zeigt das Thermometer in Wien 20 Grad Celsius – eine Temperatur, die normalerweise im April oder Mai zu erwarten wäre –, während in Deutschland und Großbritannien für die Jahreszeit untypische Stürme wüten. Das ist natürlich eine Ausnahme – wie die Temperatur am Nordpol, wo es momentan so warm ist wie in Berlin, und wie die beiden Jahrhundertorkane, die in den letzten zwei Jahren New York getroffen haben, wie die historische Dürre in Kalifornien, in Teilen Pakistans und des Nahen Ostens, wie die unerwartet heftigen Regenfälle 2015 in Indien und 2017 in Peru und Australien, wie die Tatsache, dass die Jahre 2014, 2015 und 2016 jeweils einen neuen Hitzerekord aufgestellt haben, während der letzte Kälterekord auf 1960 datiert. Irgendwann muss man sich angesichts solcher Anhäufungen von Ausnahmen die Frage stellen, wann aus ihnen eine neue Regel wird.

ENERGIE UND DIE GESCHICHTE DER ARBEIT

Es ist alles eine Frage der Arbeit, der Energie, der sekundären Evolution. Die Menschen haben sich im Laufe ihrer Frühgeschichte von der ständigen Notwendigkeit der Nahrungssuche emanzipiert, indem sie immer mehr Arbeit ausgelagert und andere Energiequellen genutzt haben. Abgesehen von Wind und Strömung und Brennstoffen wie Holz oder Torf, war dabei die wichtigste Quelle die Arbeit anderer, sozial niedrig gestellter Menschen.

Das antike Rom baute ein Weltreich auf, dessen Logistik und Organisation atemberaubend komplex waren, und unterhielt eine Weltstadt, deren Versorgung und Administration eine immense Leistung darstellen. Sein Heer war das mächtigste der Welt, seine Architektur so vollkommen, dass einige römische Gebäude nach 2000 Jahren noch immer genutzt werden, seine Literatur und Philosophie, seine Malerei und andere Künste gehören zu den erstaunlichsten Leistungen der Menschheitsgeschichte. Allein die fein austarierte Funktionsweise eines römischen Thermalbades mit seinen Heißluftleitungen und Becken mit verschiedenen Temperaturen ist ein Wunder der Technik.

Gleichzeitig kannte diese Welt kaum arbeitssparende Maschinen, obwohl das Wissen um physikalische Prinzipien und auch das technologische Können offensichtlich vorhanden waren, wie archäologische Funde beweisen. Der Grund dafür ist einfach: Römer hatten Sklaven. Menschliche Arbeit war billig und reichhaltig vorhanden, es war nicht notwendig, Arbeit an Maschinen auszulagern, zumal diese Maschinen von einer anderen Energiequelle als der menschlichen Muskelkraft angetrieben werden mussten.

Erst als menschliche Arbeit teurer wurde, stellten Maschinen eine ernsthafte Alternative dar. Manche Historiker behaupten, dass die Pestepidemie, die um 1350 ein Drittel der europäischen Bevölkerung das Leben kostete, zumindest im Westen Europas den Punkt markiert, an dem besonders spezialisierte Arbeit kostbarer wurde, weil es weniger Arbeiter gab, die über eine entsprechend stärkere Verhandlungsposition verfügten.

In Russland übrigens, wo die Pest ebenfalls gewütet hatte, hatte sie den gegenteiligen Effekt auf die bäuerliche Bevölkerung, die so geschwächt wurde, dass sie ihre einzige Macht, die der bewaffneten Rebellion, verlor und noch stärker unter die Knute ihrer Herren geriet.

In seiner großen *Encyclopédie* bezeichnete Denis Diderot die Dampfmaschine noch Mitte des 18. Jahrhunderts als Spielzeug ohne besondere Bedeutung. Einer der scharfsichtigsten und technologisch kompetentesten Philosophen seiner Zeit erkannte die Implikationen dieses Spielzeugs nicht. Als aber diese Spielzeuge erst die Textilmühlen Nordenglands und wenig später die ganze Welt eroberten, veränderte sich das Verhältnis der Menschen zur Arbeit. Immer mehr Menschen arbeiteten jetzt neben und mit Maschinen, waren ihre Herren oder ihre Diener. Die keuchenden Dampfkessel ermöglichten enorme Produktivitätsgewinne, aber sie fraßen Kohle, enorm viel Kohle.

Diese technologische Revolution dynamisierte die großen Städte, in denen Immigranten und Alteingesessene, Juden und Christen, Katholiken, Protestanten und Muslime miteinander Handel treiben und leben mussten. Neue Technologien und Handelsnetze ermöglichten enorme Profite, aber nur um den Preis der gegenseitigen Toleranz.

So kamen Autoren, die wir heute als Aufklärer bezeichnen, auf eine wahnwitzige Idee. Bis ins 17. Jahrhundert hinein war die menschliche Ungleichheit eine Selbstverständlichkeit. Natürlich war ein Bauer weniger wert als ein Adeliger, ein Christ mehr als ein Heide, ein Mann mehr als eine Frau. Um die Mitte des Jahrhunderts aber erschienen Werke, die dieses Weltbild auf den Kopf stellten: Baruch de Spinoza (ein Kaufmann), René Descartes (ein Artillerieoffizier), John Locke (ein Verwaltungsbeamter), Pierre Bayle und Thomas Hobbes (beide Lehrer) und andere, oft fast vergessene Autoren aus der aufstrebenden Mittelschicht vertraten die Ansicht, dass alle Menschen das gleiche Recht auf ihr Leben, ihre Freiheit und ihr Glück hätten, ungeachtet ihres Standes, ihrer Religion, ihrer Rasse und ihres Geschlechts.

Dieser Gedanke scheint den meisten Bewohnern der westlichen Welt heute so selbstverständlich, dass er kaum betont werden muss, aber tatsächlich hat er einen festen und wichtigen Platz in dieser Geschichte. Die Idee, dass jeder Mensch einen Wert hat, ist zwar so alt wie die Philosophie selbst, wurde aber im Laufe der Geschichte auch von christlichen Herrschern, deren Religion gerade die Solidarität mit den Geringsten fordert, ganz selbstverständlich ignoriert.

Erst mit der Französischen Revolution und den sozialistischen Bewegungen des 19. Jahrhunderts wurden Menschenrechte im Zentrum der politischen Diskussion etabliert, die Ansprüche der noch immer grausam ausgebeuteten und gewaltsam unterdrückten landlosen Armen in Europa und der Sklaven und Kolonialvölker auf anderen Kontinenten wurden erst in einem traumatischen und oft blutigen Kampf über Jahrzehnte immer stärker anerkannt.

Eines der Resultate war, dass Arbeit teurer wurde. Bis ins späte 19. Jahrhundert hinein schufteten viele Fabrikarbeiter – Männer, Frauen und Kinder – in der Regel 14 Stunden am Tag, sechs Tage die Woche, ohne jede Absicherung, und konnten vom Lohn gerade dem Hungertod entgehen (heute ist das in

Ländern wie Myanmar, die unsere Billigkleidung herstellen, noch immer so). Mit der hart erkämpften Einführung von geregelten, kürzeren Arbeitszeiten, kollektiv ausgehandelten Löhnen und später sogar bezahlten Urlaubstagen und Sozialleistungen wie Unfallversicherung und Rente kostete menschliche Arbeit die Fabrikbesitzer empfindlich mehr als vorher. Sie war nicht mehr die billigste Möglichkeit der Produktion. Die Lösung dieses Problems lag in der Mechanisierung vieler Arbeitsprozesse, die von Maschinen verrichtet werden konnten. Um diese Maschinen anzutreiben, verwendete man nicht mehr wie zuvor Wasserkraft und Wind (wie bei den Mühlen, die seit Jahrhunderten bestanden), sondern Kohle und später Erdöl.

So bekam eine ganze Zivilisation eine enorme Zufuhr an Energie – fossiler Energie. Was die Räder, die Kolben und die Zylinder antrieb, war die gespeicherte Sonnenenergie von Jahrmillionen, die jetzt wieder in die Atmosphäre gepumpt wurde. Das geschah sehr schnell. Es begann vor etwa 200 Jahren, wurde aber durch das Wirtschaftswachstum der Nachkriegszeit noch einmal wesentlich beschleunigt. Das Resultat wird in der Grafik auf der folgenden Seite deutlich, die den Kohlendioxidgehalt der Luft über die letzten 400 000 Jahre darstellt. Ganz rechts ist die Gegenwart.

Dies ist nicht der Ort, den Mechanismus des Klimawandels darzustellen oder noch einmal die leidige Frage aufzuwärmen, ob menschliche Aktivität wirklich dazu beigetragen hat, obwohl sich die Wissenschaft in überwältigendem Maße einig ist, dass menschliche Aktivität zumindest eine entscheidende Rolle dabei spielt. Was auch immer geschehen ist: Es ist Millionen Jahre her, dass die Atmosphäre dieses Planeten eine ähnlich hohe CO_2-Konzentration erlebt hat. Hinzu kommt der Effekt von weiteren sogenannten Treibhausgasen, darunter

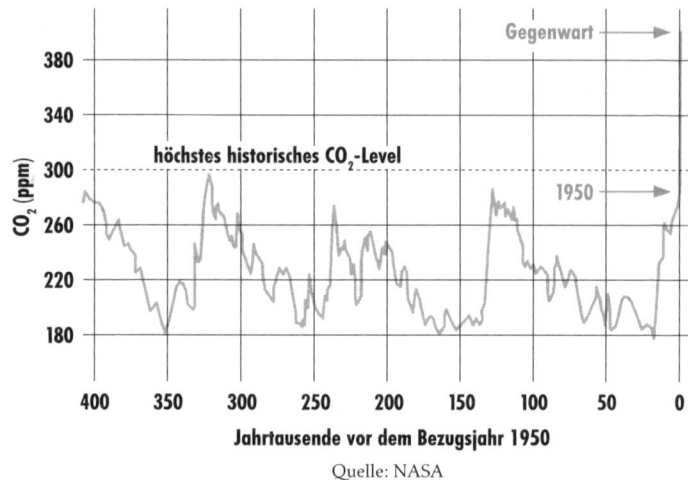

Quelle: NASA

Methan, das nicht nur durch das Abschmelzen des Polareises freigesetzt wird, sondern besonders durch die Rinderzucht für die industrielle Fleischproduktion. Methan ist ein wesentlich stärkeres Treibhausgas als Kohlendioxid.

ERWARTUNGEN WERDEN SELTEN ERFÜLLT, ABER MANCHMAL ÜBERTROFFEN

Auch die zu erwartenden Folgen dieser Erwärmung sind gut erforscht. Zwei Drittel der Erdoberfläche sind von Wasser bedeckt, und die Ozeane enthalten mehr als 95 Prozent des gesamten auf der Erde vorhandenen Wassers. Durch die Erwärmung dehnt sich das Wasser in den Ozeanen aus und führt zu einem Anstieg des Wasserspiegels, der die Küstenregionen bedroht. Gleichzeitig verdunstet mehr Wasser, was zu extremen Wetterereignissen wie Orkanen und zu einer Veränderung von Wettermustern führt. Die abschmelzenden Polkappen führen dem Ozean große Mengen Süßwasser zu, was wiederum eine erhebliche Auswirkung auf den Golfstrom haben könnte, von dem besonders das Klima Europas abhängt. Sollte der Golfstrom kollabieren, könnte es auf der Nordhalbkugel sogar zu einer starken Abkühlung kommen, zu einer neuen Kleinen Eiszeit.

Natürlich beruhen all diese Vorhersagen auf Modellen, die von unendlich vielen und komplexen Faktoren abhängen. Es ist also wahrscheinlich, dass sie teilweise falsch sind. Das allerdings ist kein Grund zur Beruhigung: Die Polkappen schmelzen derzeit wesentlich schneller ab, als Klimawissenschaftler prognostiziert hatten. Auch andere Indikatoren zeigen einen wesentlich stärkeren Anstieg der Temperaturen, der Erwärmung der ozeanischen Tiefenschichten und des Säuregehalts der Ozeane, als bis jetzt angenommen wurde. Eine wichtige Frage innerhalb der wissenschaftlichen Gemeinschaft ist, ob und wann systemische Scheitelpunkte erreicht werden, die eine klimatische Eigendynamik in Richtung noch höherer Temperaturen in Bewegung setzen, welche sich durch menschliche Interventionen nicht mehr kontrollieren lässt.

Zu Lande sind die Auswirkungen ähnlich drastisch. Langfristig veränderte Wettersysteme verschieben die Klimazonen des Planeten. Ein Großteil der Organismen (mit einigen Ausnahmen wie Ratten, Kellerasseln, Raben und Menschen) ist sehr fein auf ganz bestimmte klimatische Bedingungen eingestellt, um Futter zu finden und sich zu vermehren. Schon jetzt beobachten Biologen die Migration verschiedener Arten weg vom Äquator und in Regionen, in denen sie zuvor nicht hätten überleben können. Gleichzeitig ist es wahrscheinlich, dass diese Veränderung schneller vor sich gehen wird, als die evolutionäre Adaption erlaubt. Die Folge ist ein Artensterben, das es in diesem katastrophalen Ausmaß seit dem Aussterben der Dinosaurier nicht mehr gegeben hat. Wenn sich die Umgebung verändert, müssen Organismen sich entweder anpassen oder abwandern, oder sie sterben aus. Menschen sind von diesem Gesetz so wenig ausgenommen wie Singvögel oder die Regenwürmer, die sie fressen. Wenn als Ackerland genutzte Flächen insbesondere in afrikanischen Ländern südlich der Sahara, deren Wirtschaft noch immer überwiegend von Subsistenzlandwirtschaft geprägt ist, aber auch im Nahen und Mittleren Osten, in Südamerika und in Asien nicht mehr fruchtbar sind und zu wenig Niederschlag bekommen, werden Millionen von Menschen gezwungen sein, ihre Zukunft anderswo zu suchen – mit größter Wahrscheinlichkeit in den Metropolen, die sich schon jetzt gebildet haben und die zu gigantischen Agglomerationen ohne Infrastruktur oder effektive Regierung werden.

Der steigende Meeresspiegel wird gleichzeitig die Bewohner tiefliegender Küstenregionen wie Bangladesch oder auch Florida zwingen, landeinwärts zu fliehen. Für die Bürger der Malediven und von pazifischen Inselstaaten wie Tuvalu ist die Situation noch gravierender: Ihre Heimat wird in den nächsten Jahrzehnten unter den Wellen des Ozeans verschwinden. Staatenlose Flüchtlinge, deren Heimatland buchstäblich untergegangen ist, stellen auch juristisch ein ganz neues Problem dar.

Zu diesen direkten Auswirkungen der Erderwärmung kommen indirekte Effekte, die für menschliche Gesellschaften wahrscheinlich noch gravierender sein werden. Zugang zu Wasser und fruchtbarem Ackerland könnte besonders am Äquator zum wichtigsten Kriegsgrund werden. Gleichzeitig werden Bevölkerungsbewegungen und aus allen Nähten platzende Mega-Metropolen eine ideale Brutstätte nicht nur für

Pandemien, sondern auch für Revolutionen und Terrorismus sein. Die dadurch entstehende politische Instabilität wiederum wird Handelsrouten, Machtverhältnisse und internationale Bündnisse erschüttern oder zerstören.

Die Bewohner der reichen, industrialisierten Länder der Nordhalbkugel werden die unmittelbare Brutalität des Klimawandels weniger zu spüren bekommen als ihre ärmeren südlichen Nachbarn. Hier sind die primären Effekte eher graduell: Es ist sicherlich keine besonders vernünftige Idee, sich in den nächsten Jahren ein Haus mit Meerblick in Florida zu kaufen (Banken in Miami weigern sich bereits, Hypotheken auf solche Grundstücke zu geben), und überall beobachten Winzer schon jetzt mit großer Sorge, dass sensible Rebsorten den steigenden Temperaturen kaum standhalten können, sodass zum Beispiel der europäische und nordamerikanische Weinbau wesentlich weiter nach Norden wandern könnte.

Diese Auswirkungen sind verkraftbar, wenn man sie mit anderen Gebieten vergleicht: Im Nahen und Mittleren Osten, auf den weiten Landflächen Chinas und vielleicht auch im Süden der USA wird es innerhalb der nächsten drei oder vier Jahrzehnte mehr verödetes Ackerland geben, Wüsten breiten sich aus, Waldgebiete versteppen. Die Gletscher ziehen sich jetzt zurück (das hilft der Produktion von exklusivem Mineralwasser), das Polareis schmilzt rapide ab.

Die Kombination von intensiver Besiedlung und intensiver Landwirtschaft belastet diesen Prozess zusätzlich, nicht nur in Ländern nahe dem Äquator. Akuter Wassermangel und eine historische Dürre in Kalifornien, Texas und Arizona haben beispielsweise dazu geführt, dass der noch vor einem Jahrzehnt mächtige Colorado River heute bis zu 20 Meter abgesunken ist, während 70 Prozent des Flusswassers für 30 Millionen Menschen und besonders für die Bewässerung von Avocados,

Pistazien, Mandelplantagen und anderen, besonders durstigen und profitablen Produkten verwendet werden. Verglichen mit anderen Regionen sind diese Auswirkungen moderat. Auch die Gesellschaften der Nordhalbkugel aber werden in einer globalisierten Welt nicht verschont bleiben von dem Chaos, für das der Klimawandel in anderen Regionen sorgt. Millionenfache Migration, unterbrochene Handelsrouten, unsichere Energieversorgung und immer häufigere Naturkatastrophen werden auch hier enormen Druck auf bestehende Strukturen ausüben.

DAS EHERNE ZEITALTER

Welche Strukturen unter diesem Druck kollabieren werden, ist schwer vorauszusagen, und es ist auch sinnlos zu spekulieren. Tatsächlich ist es aber möglich, sich mithilfe der Geschichte ein Bild davon zu machen, wie tiefgreifend die Auswirkungen eines Klimawandels auf eine Gesellschaft sein können, wenn man sich die Kleine Eiszeit im 17. Jahrhundert ansieht, ein globales Phänomen, das aber für Europa besonders gut erforscht ist.

Die Abkühlung um etwa zwei Grad Celsius, die gegen Mitte des 16. Jahrhunderts einsetzte (die Gründe dafür sind wissenschaftlich noch immer nicht geklärt), traf in Europa auf einen im Wesentlichen spätmittelalterlichen, feudalen Kontinent. Die Renaissance, die sogenannte Entdeckung der Neuen Welt und in geringerem Maße sogar die Reformation hatten bis dahin ihren Einfluss hauptsächlich auf eine urbane Elite ausgeübt, während der Großteil der Bevölkerung ein Leben führte, an dem sich seit Jahrhunderten recht wenig geändert hatte.

Mehr als neun Zehntel der Europäer lebten vom Getreideanbau und von lokal gewachsenem Korn. Die Abkühlung verursachte Stürme, Hagelschauer, Regenperioden, lange Winter und kühle Sommer. Ein Grad Celsius im Jahresdurchschnitt entspricht etwa zehn Tagen Vegetationsperiode. In kalten Jahren hatten die Pflanzen kaum Zeit, um reif zu werden, und der Kontinent hungerte. Zunächst reagierten die Menschen darauf mit Bittprozessionen und Gottesdiensten. Nach schlechten Ernten wurde Jagd auf Hexen gemacht, die fast immer beschuldigt wurden, das Wetter verzaubert zu haben, um die Ernte zu verderben. In den Städten kam es immer wieder zu Brotaufständen, denn Mehl wurde von Jahr zu Jahr teurer und trieb eine beharrliche Inflation an. Hungersnöte, Missernten, Seuchen und Rebellionen bestimmten das Leben zahlloser Menschen.

Auch für die politischen Machtverhältnisse war diese Klimaveränderung eine Katastrophe. Der Adel finanzierte nicht nur seinen Lebensunterhalt, sondern auch die ständig geführten Kriege aus den Steuern der Landwirtschaft, deren Erträge innerhalb von weniger als einem Jahrzehnt zum Spielball des kapriziösen Wetters wurden. Aufstände und Migration aus besonders betroffenen Gebieten in die Städte spitzten die Situation weiter zu. Ein zeitgenössischer Beobachter nannte seine Zeit das »eherne Zeitalter«.

Die Kleine Eiszeit verdeutlicht den Zusammenhang zwischen Klimawandel und kultureller Evolution. Gegen Ende der Kälteperiode, um 1680, hatten sich spätmittelalterliche, ständisch verfasste Gemeinwesen in frühmoderne, kapitalistische, um Märkte herum organisierte Gesellschaften verwandelt, die miteinander Handel trieben und gezielt versuchten, die eigene Wirtschaft im Wettbewerb mit anderen anzukurbeln. Besonders den Handelsstädten kam dabei eine Schlüsselrolle zu. Amsterdam, im frühen 16. Jahrhundert noch eine kleine Küstenstadt ohne wirtschaftliche oder kulturelle Bedeutung, verdankte seinen rasanten Aufstieg dem Handel mit Getreide aus dem Baltikum, das während der Kleinen Eiszeit bis nach Norditalien verkauft wurde, um Ernteausfälle auszugleichen.

Die Niederländer begnügten sich aber nicht damit, zur Drehscheibe des europäischen Getreidehandels zu werden. Zumindest in den Städten waren sie offen für tiefer greifende Veränderungen. 1602 wurde die erste Börse gegründet, um große Handelsmissionen zu finanzieren. Die VOC, die im selben Jahr gegründete Vereinigte Ostindische Compagnie, organisierte und überwachte den Handel mit Übersee und wurde zum verlängerten Arm der kolonialen Ambitionen des Landes, die mit rücksichtsloser Brutalität durchgesetzt wurden.

Die Handelsherren, die oft politisch in Führungspositionen waren, verstanden aber auch, dass mit einem Volk von Bauern kein Imperium zu regieren war. Schulen wurden gegründet, Amsterdam wurde zum Zentrum des Buchdrucks, und die schon 1575 gegründete Universität Leiden war mit Montpellier die einzige Lehrstätte Europas, an der man studieren konnte, ohne einen Eid auf eine bestimmte Konfession abzulegen. So wurden die urbanen Zentren des Landes zu Anziehungspunkten für Emigranten aus ganz Europa, die im toleranten Klima der Vereinigten Provinzen leben und arbeiten konnten und gleichzeitig mit ihren Ideen und Kontroversen das intellektuelle und kulturelle Leben bereicherten.

Die Karriere des Malers Rembrandt ist ein Beispiel für das, was dadurch möglich wurde. Obwohl er der Sohn eines Müllers war und eine Generation zuvor vermutlich selbst Müller geworden wäre, wurde er auf eine Lateinschule geschickt und zu einem Maler in die Lehre gegeben, um für eine städtische, bürgerliche Klientel zu arbeiten. So wurde aus einem Land von Bauern und Heringsfischern innerhalb von wenigen Jahrzehnten eine der mächtigsten See- und Handelsmächte der Welt.

Das Gegenbeispiel zur niederländischen Erfolgsgeschichte ist Spanien, das Reich, in dem die Sonne nie unterging, das mächtigste und wohlhabendste Land Europas. Überzeugt von der eigenen Größe und der Wahrheit des eigenen Glaubens, war die herrschende Schicht gegen jede Liberalisierung, jede Veränderung. Silber und andere Edelmetalle aus den Minen Perus und anderer Kolonien kamen in riesigen Schiffsladungen und machten das Königshaus sowie den Hochadel reicher als je zuvor. Fanatisch auf den katholischen Glauben fixiert, wiesen die spanischen Könige nicht nur die Juden, sondern auch die Moriscos (Muslime) aus, die besonders stark im Mittelmeerhandel engagiert und international vernetzt waren, sie verhinderten die Eröffnung von Universitäten und Schulen, erschwerten den Buchdruck und unterdrückten alle Bestrebungen des ohnehin schwachen Bürgertums, am politischen Prozess teilzuhaben.

Dieses starre Beharren auf bestehenden Strukturen bedeutete auch, dass sich das Land in keiner Weise an ein sich änderndes Klima (hier besonders in Form von Dürre im Landesinneren) und an eine sich neu formierende internationale und wirtschaftliche Lage anpassen konnte. So führte der stete Strom von Edelmetallen letztendlich zu einer galoppierenden Inflation und ruinierte die Überbleibsel der heimischen Manufakturbetriebe für Wollstoffe und andere Exportgüter. Binnen eines Jahrhunderts erlebte das Land vier Mal einen Staatsbankrott und geriet so in eine Spirale des Niedergangs, die erst im späten 20. Jahrhundert teilweise überwunden werden konnte. Seine frühere Größe erlangte Spanien aber nicht wieder. So gesehen wirkt Don Quijote wie das personifizierte Sinnbild einer Gesellschaft, die selbst noch in einem Traum aus vergangenen Tagen gefangen ist.

Die Kleine Eiszeit zeigt deutlich, welche Länder lernten, mit der Krise umzugehen, und welche nicht. Sie hat ein Erbe hinterlassen, das fast unvermindert noch immer wirksam ist. In der Konkurrenzsituation sich bekriegender Staaten entwickelten die Wirtschaftsberater der Herrscher Großbritanniens und Frankreichs eine neue ökonomische Doktrin, den Merkantilismus, der darauf abzielte, so viel wie möglich gewinnbringend zu exportieren und so wenig wie möglich zu importieren, sodass Waren aus dem Land hinaus- und Geld hereinflossen. Zu diesem Zweck setzten die Theoretiker explizit darauf, die Ressourcen des eigenen Reiches (inklusive seiner überseeischen Territorien und inklusive der Sklaven, Kolonialvölker und der eigenen landlosen Arbeiter) so billig und effizient wie möglich arbeiten zu lassen, um die ökonomische Leistung zu steigern und die Kriegskassen zu füllen. Es war die erste Formulierung eines Prinzips, das noch heute angewendet wird: Wirtschaftswachstum, das auf Ausbeutung beruht.

Wenngleich eine historische Analyse der Kleinen Eiszeit nur wenige Aufschlüsse über den konkreten Verlauf der nächsten 30 Jahre geben kann, so ist es doch wichtig, zwei Dinge festzuhalten. Erstens: Großer Reichtum schützte auch das mächtigste Land Europas nicht vor dem Niedergang, im Gegenteil. Der eigene Wohlstand blendete die spanische Elite und machte jeden Versuch der sozialen oder ökonomischen Transformation unmöglich, mit letztlich tragischen Konsequenzen. Zweitens: Wirtschaftswachstum, das auf Ausbeutung beruht, war das Erfolgsrezept des 17. Jahrhunderts und stand am Anfang der kohlenstoffbefeuerten Industrialisierung und ihrer unerwünschten Nebeneffekte. Ihre heute sichtbaren Folgen, besonders die Erderwärmung und der dadurch bedingte Klimawandel, bedeuten, dass dieses Modell an seine Grenzen gestoßen ist. Die Ausbeutbarkeit des Planeten ist ausgereizt, wenn auch weiterhin Menschen auf ihm leben sollen.

Mag die historische Krise des 17. Jahrhunderts einige Schlüsse zulassen, so besteht doch ein grundlegender Unterschied zur heutigen Situation. Die Menschen damals begriffen nicht, dass sie in einer globalen und systemischen Klimaveränderung lebten. Die meisten von ihnen (mit Ausnahme einiger Händler und Gelehrter wie Sir Francis Bacon) sahen lange, besonders kalte Winter und Missernten als eine Kette unglücklicher, aber isolierter Ereignisse an, die mehr auf theologische als auf physikalische Zusammenhänge verwiesen. Die heute lebenden Menschen sind die erste Generation in der Geschichte, die anhand wissenschaftlicher Projektionen und globaler Analysen eine deutliche Vorstellung davon hat, dass diese Krise nicht nur globale Auswirkungen hat, sondern auch, was die Folgen ihres Handelns sein werden. Natürlich können diese Konsequenzen nur in Modellen ausgedrückt werden, und es gibt erhebliche Differenzen bei den verschiedenen Prognosen, aber sogar die optimistischsten unter ihnen zeichnen ein Bild, dessen Auswirkungen auf Menschen und andere Organismen gravierend bis lebensbedrohlich sind.

DIE GROSSE VERSCHIEBUNG

Der Klimawandel wirkt gewissermaßen von außen auf die natürliche Welt ein und ist ein schleichender Prozess, der nur durch die immer stärkere Häufung spektakulärer Katastrophen wie Sturmfluten, Orkane, Dürren oder sintflutartige Regenfälle mediale Aufmerksamkeit erregt. Das langsame Verschwinden einer bestimmten Froschart, das langsame Vordringen der Wüste oder der millimeterweise Anstieg des Meeresspiegels liefern einfach weniger gute Bilder als zerstörte Häuser, verzweifelte Menschen, gigantische Schlammlawinen oder Waldbrände. Gerade diese wenig spektakulären und langsamen Entwicklungen aber können auf lange Sicht wesentlich entscheidender sein als lokale Verwüstungen. Das Absterben von Plankton durch wechselnde Meerestemperaturen und übersäuerte Ozeane zum Beispiel hat Einfluss auf die gesamte Nahrungskette und damit auf das Überleben von zahlreichen maritimen Arten und Millionen von Menschen.

Diese Millionen lenken unsere Aufmerksamkeit auf einen weiteren Aspekt, der diese Entwicklungen intensivieren und beschleunigen wird. Der explosionsartige Bevölkerungsanstieg besonders in armen Ländern Afrikas südlich der Sahara, im Nahen und Mittleren Osten und in Südostasien wird in Verbindung mit der Zerstörung oder Verdrängung von Lebensraum, Trinkwasser, Ackerland und anderen Nahrungsgrundlagen zu Konflikten, Hungersnöten und Massenmigration führen.

Es ist nicht immer einfach, solche Zusammenhänge ausreichend zu belegen. So wurde eine 2015 veröffentlichte Studie vielfach kritisiert, weil sie den Krieg in Syrien mit dem Klimawandel in Verbindung brachte. Colin Kelley und seine Mitautoren argumentieren dabei sehr konservativ. Von 2006 bis 2011 herrschte eine historische Dürre in Syrien und den umliegenden Ländern, die schlimmste seit 900 Jahren. Im stark landwirtschaftlich geprägten Nordosten des Landes gingen die Niederschläge um mehr als 60 Prozent zurück, mehr als vier Fünftel des Viehs verdursteten oder mussten geschlachtet werden, der Anteil der Landwirtschaft an Syriens Bruttoinlandsprodukt ging um fast zehn Prozent zurück, und 800 000 Menschen verloren ihren Lebensunterhalt. Viele dieser Menschen zogen in die Städte, besonders nach Damaskus und Aleppo, wo sie in den Slums lebten, von denen 2011 die Unruhen ausgingen, die schließlich zum Bürgerkrieg führten.

Die Verbindung zwischen einer Jahrtausenddürre und einem

Bürgerkrieg, an dessen Ausbruch auch andere Faktoren beteiligt waren, kann nicht eindeutig hergestellt werden. Gleichzeitig ist aber unbestreitbar, dass Jahre des Hungers, in denen Hunderttausende von syrischen Landbewohnern sich von Brot und gezuckertem Tee ernähren mussten, eine Welle der Migration in die Großstädte auslösten, ohne dass dort Jobs auf die Migranten warteten. Diese Migrationswelle und die wachsende Hoffnungslosigkeit der notleidenden Bevölkerung ergaben eine Mischung, bei der ein Funke genügte, um ein ganzes Land zu zerstören. Militärplaner übrigens, die sich in ihren strategischen Szenarien keine ideologischen Scheuklappen leisten können, haben längst Pläne für Konflikte ausgearbeitet, die vom Klimawandel verursacht werden. Ein solches Papier aus dem Jahr 2015, veröffentlicht vom US-Verteidigungsministerium, formuliert lapidar:

Das Verteidigungsministerium erkennt die Realität des Klimawandels und das erhebliche Risiko, das er für die Interessen der USA global bedeutet, an. Die Nationale Sicherheitsstrategie [...] macht deutlich, dass der Klimawandel eine dringende und wachsende Bedrohung unserer nationalen Sicherheit darstellt und zur Zunahme von Naturkatastrophen, Flüchtlingsströmen und Konflikten um Ressourcen wie Nahrung und Wasser beiträgt.

Diese Auswirkungen finden bereits statt, und es wird erwartet, dass Ausmaß, Verbreitung und Intensität dieser Auswirkungen im Laufe der Zeit zunehmen werden.

Auch in Syrien hat das starke Bevölkerungswachstum (von 6,5 Millionen Einwohnern 1970 auf fast 23 Millionen 2013) einen wesentlichen Anteil am Ausbruch der Gewalt gehabt.

Bevölkerungswachstum, Klimawandel und organisierte Gewalt werden in Zukunft immer öfter als eng miteinander verwobene Probleme auftreten.

Apokalyptische Szenarien sehen eine nahe Zukunft mit katastrophalen Bevölkerungseinbrüchen durch Kriege, antibiotikaresistente Pandemien, Seuchen und Hunger in den bevölkerungsreichsten Gebieten, die oft auch zu den ärmsten der Welt gehören. Zuversichtlichere Prognosen weisen darauf hin, dass das Bevölkerungswachstum nicht linear verläuft und der Zenit der Geburtenrate bereits überschritten ist. Während die Bevölkerung des Planeten über die nächsten Jahrzehnte weiter wachsen wird, so argumentieren sie, wird der höchste Stand um 2050 erreicht sein und die Zahl der Menschen danach zumindest in den meisten Gebieten zurückgehen.

Only time will tell.

DEUS EX MACHINA

Die Serie der warmen Winter hat in Europa auch Auswirkungen auf den alpinen Wintersport und die Skigebiete, die nicht mehr jedes Jahr, nicht einmal die meisten Jahre mit ausreichend viel Schnee rechnen können. Inzwischen sichern viele Orte sich mit Schneekanonen ab, die vollautomatisch aus dem Tal per Computer gesteuert werden und zu genau kalkulierten Zeiten die perfekte Menge Kunstschnee ausbringen, ohne dass ein Mensch mehr dazu tun müsste, als einen Befehl einzugeben. In der nahen Zukunft ist durchaus vorstellbar, dass eine neue Generation von skifahrenden Robotern die Pisten bevölkert und mit perfekt errechneten Schwüngen die Kunstschneehänge hinunterwedelt. Dann ist das Werk der Menschen wirklich getan.

Immer schon haben Untergangspropheten behauptet, jede technologische Neuerung könne die Menschen ersetzen. Schon die 1920er Jahre waren voll von apokalyptischen Fantasien. Das Wort »Roboter« ist ein Kunstwort aus einem Theaterstück von Karel Čapek, in dem das Ende der Menschen beschrieben wird, die von ihren mechanischen Dienern umgebracht werden. Die Angst des Menschen vor seiner eigenen Überflüssigkeit besteht, solange es Fortschritt gibt, aber bis jetzt hat es noch immer genug Arbeit gegeben. Bis jetzt.

Der Unterschied liegt heute sowohl im Tempo als auch in der Art der Entwicklung, die die künstliche Intelligenz durchläuft und die qualitativ neue Möglichkeiten eröffnet.

Der Steuerungscomputer für die amerikanische Mondlandung 1969, der Apollo Guidance Computer (AGC), war der Stolz der Computerabteilung des renommierten MIT (Massachusetts Institute of Technology) und hatte eine Kapazität von 64 Kilobytes. Zusätzlich verwendete die NASA für diese Mission Computer von IBM, von denen jeder 3,5 Millionen Dollar kostete und die Größe eines Kleinwagens hatte.

Ein modernes Smartphone, etwa das iPhone 6, ist 32 600-mal schneller und könnte allein aufgrund seiner Rechenkapazität 120 Millionen Apollo-Mondraketen gleichzeitig steuern. Auch der legendäre Deep Blue, der Hochleistungscomputer, der 1997 den Schachweltmeister Garri Kasparov schlug, war langsamer und schwächer ausgestattet als ein durchschnittliches Smartphone von heute. Dabei ist anzumerken, dass zwar Speicher und Rechenleistung der Maschinen exponentiell gestiegen sind, nicht aber die der sie bedienenden Menschen. Die Evolution intelligenter Maschinen hat ihre Erfinder längst zurückgelassen.

Diese maschinelle Evolution findet inzwischen immer stärker ohne menschliches Zutun statt. Teile großer Betriebssysteme werden bereits von Computerprogrammen intern codiert – kein Mensch hat dabei Hand angelegt, und kein Mensch versteht ihre Architektur. Mehr noch: Eine steigende Zahl von Computerprogrammen ist lernfähig und kann in einer beliebigen Situation, einem beliebigen Datensatz, der Situation angepasste Lösungsansätze selbst formulieren. Das ist der Beginn einer Revolution. Deep Blue konnte Schach spielen, wäre aber an jedem anderen Spiel gescheitert und hätte eine einfache Rechenaufgabe nicht lösen können. Es war ein Schachcomputer, für eine einzige Anwendung ausgelegt. Seine Nachfolger passen ihre Fähigkeiten einer gegebenen Situation an, sie erkennen Muster, meistern komplexe physische und sprachliche Interaktionen und lernen nicht nur aus ihnen, sondern auch durch die weltweite Vernetzung aus den Erfahrungen anderer und speisen ihrerseits die eigenen Erfahrungen in die Datenbank ein.

Der nächste Angriff einer Maschine auf die Vorherrschaft der menschlichen Intelligenz fand passenderweise in einer Gameshow statt und hatte bereits eine völlig andere Qualität. Der Watson-Computer von IBM spielte 2010 das beliebte Quiz *Jeopardy!* gegen zwei menschliche Meister. Das Besondere an diesem Spiel ist, dass die gestellten Fragen nicht nur Wissen auf verschiedenen Gebieten voraussetzen – das ist nur eine Frage der Speicherkapazität –, sondern in natürlicher, gesprochener Sprache gestellt werden und häufig Wortspiele oder Anspielungen enthalten. Watson musste also nicht nur zuhören, gesprochene Sprache verstehen und Antworten finden, er musste auch Menschen und ihre Mehrdeutigkeit begreifen und alltäglichen Sprachgebrauch meistern. Watson gewann haushoch. Er schlug den bisherigen Champion, der selbst nie ein Spiel verloren hatte, nicht nur mühelos, er erspielte dreimal so viel Preisgeld wie seine menschliche Konkurrenz.

Ob Quizshows oder Computerspiele, komplexe Bilderkennung oder die Gesetze der Physik: Einige Computersysteme sind bereits in der Lage, einen neuen Datensatz ohne jede hilfreiche Instruktion oder Klassifizierung zu analysieren, selbst Lösungswerkzeuge zu entwickeln und dann Schlussfolgerungen zu formulieren. Watson gewann *Jeopardy!*, andere Systeme waren in Laborversuchen beispielsweise imstande, eine Versuchsanordnung von miteinander verbundenen Pendeln, die sich scheinbar chaotisch gegeneinander bewegten, zu analysieren und daraus ohne jedes Vorwissen die relevanten physikalischen Gesetze zu extrapolieren.

Um das Pendelsystem zu untersuchen, konnte der Computer die Pendel stoppen und an beliebigen Punkten wieder starten. Er begann, die Bewegungen methodisch zu erforschen und gleichzeitig zufällig generierte Fragmente mathematischer Formeln zusammenzusetzen und an den gewonnenen Bewegungsdaten auszuprobieren. Natürlich sind die meisten der so entstandenen Formeln sinnlos, aber bei hoher Prozessorgeschwindigkeit fand das Programm innerhalb von wenigen Tagen angepasste Formeln, die das Muster hinter dem scheinbaren Chaos zeigten. Ohne dass die Programmierer den Computer in diese Richtung gelenkt hätten, formulierte er als Resultat seiner Berechnungen die Naturgesetze der Newton'-schen Physik in Bezug auf Schwerkraft, Trägheit und Momentum.

THIS TIME IS DIFFERENT

Was anhand dieser Beispiele ein wenig trivial klingen mag, wird menschliche Gesellschaften von innen heraus revolutionieren. Zwar gehörten zu jeder technologischen Neuerung auch diejenigen, die ein Ende der menschlichen Arbeit vorhersagten, aber tatsächlich ist das niemals eingetreten. Deswegen meinen viele Beobachter, dass auch bei dieser technologischen Revolution mehr (und bessere) Jobs geschaffen als vernichtet werden. Sie sehen eine Zukunft voller kreativer, interaktiver und interessanter Arbeit, während die monotonen und gefährlichen Tätigkeiten von Robotern ausgeführt werden. Sie irren sich gewaltig.

Die Ludditen im England des frühen 19. Jahrhunderts, die mechanische Webstühle zerstörten, um ihre Jobs als Weber zu behalten, sind zum Inbegriff für kurzsichtige Technologiefeinde geworden, während der technologische Fortschritt seitdem immer mehr und auch bessere Jobs geschaffen hat. Stets hat man gesagt, diesmal ist alles anders, und es ist doch nie anders gewesen.

Diesmal allerdings wird tatsächlich alles anders. Ein mechanischer Webstuhl bedrohte die Arbeit der Weber – aber von niemand anderem. Ein Webstuhl konnte genauso wenig Porzellan herstellen oder Zeitungen drucken, wie Deep Blue Halma spielen konnte. Mit dem zweiten Jahrzehnt des 21. Jahrhunderts aber haben Computer gelernt, zu lernen, zu verstehen, zu sprechen, zu erkennen und ihre Fähigkeiten der jeweiligen Situation anzupassen. Zumindest theoretisch werden ihre Anwendungsmöglichkeiten damit unendlich.

Technologischer Fortschritt ersetzt menschliche durch maschinelle Arbeit. Bis jetzt hat das immer neue Arbeitsplätze geschaffen. Die Landbevölkerung, die in die Städte ziehen musste, fand Arbeit in den Fabriken, und als mechanische Webstühle und später Fließbänder ihre Aufgaben übernahmen, fanden sie in einer diversifizierten Welt neue und andere Beschäftigungen, die meistens besser und weniger gefährlich waren. Schwerstarbeit, gefährliche Aufgaben und monotone Abläufe konnten an Maschinen übertragen werden, während Menschen sich ihre Fähigkeiten zur schnellen Mustererkennung und zum systematischen Begreifen zunutze machten und immer mehr in Bürojobs und Dienstleistungen arbeiteten. Alte, schlechte Jobs wurden durch mehr neue, bessere ersetzt.

In der neuen industriellen Revolution machen Roboter, Programme und Algorithmen aber nicht mehr nur unsere Arbeit verlässlicher und schneller – sie erledigen auch immer mehr Aufgaben selbstständig. Spracherkennungsprogramme lernen vom Akzent und Vokabular ihrer Nutzer, selbstfahrende Autos und Lastwagen werden bald menschliche Fahrer

47

ersetzen und ihre Routen in Echtzeit optimieren, Straßen können ohne Arbeiter repariert werden, Medikamente für Patienten in großen Krankenhäusern in den USA werden schon jetzt hauptsächlich von automatisierten Systemen zusammengestellt, wie auch die Bestellungen von Amazon wohl bald per Drohne verschickt werden, sodass zwischen dem Klick des Konsumenten und der Lieferung keine menschliche Hand mehr im Spiel ist. Fabriken, die früher 20 000 Arbeiter beschäftigten, haben heute 1500 Angestellte. In den Fabrikhallen fertigt ein Ballett von Roboterarmen Autos, Waschmaschinen und Smartphones, verlässlicher als jeder Mensch, nach präzise genormten Standards, ohne krank zu werden, gelangweilt oder übermüdet zu sein, ohne Streiks und ohne Rentenansprüche.

Die neue Entwicklung des digitalisierten Lernens und seiner flexiblen Anwendungen aber betrifft längst nicht mehr nur Beschäftigungen, die nur wenig Ausbildung erfordern. »Der beste Onkologe ist im Prinzip der, der am meisten gelesen hat«, sagte mir kürzlich der Chef der Onkologie am Allgemeinen Krankenhaus in Wien, »und mit einem System, das alle Publikationen und Studien, alle neuen Medikamente und Prozeduren, Diagnosen, Scans, Blutwerte und historischen Behandlungserfolge in Echtzeit anwendet, kann ein Mensch einfach nicht mithalten.« Andere Medizinbereiche, die er vom unmittelbaren Aussterben bedroht sah, waren Radiologen und Apotheker. Aber auch die Chirurgie erlebt eine Revolution. Noch sind chirurgische Roboterarme von einem Bildschirm im Nebenraum ferngesteuert, aber das nächste, wesentlich autonomere Modell, die nächste Generation von Medizinrobotern wird schon entwickelt.

Tatsächlich ist kaum ein Beruf von dieser Entwicklung ausgenommen. Rechtsgutachten werden längst von Algorithmen erstellt, Artikel werden von ihnen verfasst, Steuererklärungen und Musikstücke geschrieben, Verbrecher gejagt, Diagnosen erstellt, Versicherungspolicen verglichen, Investitionen getätigt, Flüge gebucht, Kranke und Alte gepflegt, Kinder unterhalten und beaufsichtigt. Die einzigen Beschäftigungen, die gegen die Digitalisierung immun oder doch wenigstens resistenter sind, sind die, die ganz am unteren Ende der Einkommensskala zu billig sind, um profitabel digitalisiert zu werden, weil es immer genug menschliche Arbeiter gibt, die sie gegen sehr geringe Bezahlung übernehmen, und die, bei denen die Kunden ein menschliches Gesicht sehen wollen: Kellner beispielsweise oder Schauspielerinnen.

Aber wird diese digitale Revolution nicht wie frühere industrielle Revolutionen auch zahllose neue Jobs schaffen? Sicher wird sie Jobs schaffen und sogar neue erfinden. Programmierer und Security-Experten, Reparaturspezialisten, Ingenieure, Designer, Kundenbetreuer und Werbefachleute werden mehr denn je gebraucht. Gleichzeitig aber werden für die intellektuelle Arbeit der technologischen Avantgarde nur vergleichsweise wenige, gut ausgebildete menschliche Hirne benötigt, und prinzipiell ist jede Tätigkeit ihrer Digitalisierung immer nur einen Schritt voraus. Flexible und vielseitige Computer und Roboter, die natürliche Sprache erkennen und mit Menschen oder anderen Maschinen vernetzt sind und interagieren können, können jede Art von Tätigkeit übernehmen, bis hin zur Prostitution und Kriegsführung.

Nach der Auslagerung oder dem Niedergang der Fabriken wanderte ein Großteil der Arbeit in Büros, in die Dienstleistung und die Verwaltung, ins Management. Keine dieser Beschäftigungen ist heute noch ohne Kontakt mit computerisierten Prozessen denkbar. Jede von ihnen beschäftigt weniger Menschen als noch vor zehn Jahren, fast jede könnte innerhalb von einem oder zwei Jahrzehnten digitalisiert sein und keine Menschen mehr beschäftigen. Eine vieldiskutierte Studie der Universität Oxford kam nach einer komplexen statistischen Analyse von US-Arbeitsmarktdaten und technologischen Möglichkeiten 2013 zu einem ernüchternden Ergebnis: »Unserer Schätzung nach gehören 47 Prozent aller Arbeitsplätze in den USA zur Hochrisiko-Kategorie, das heißt, die entsprechenden Arbeitsabläufe sind potenziell und über eine noch ungewisse Zeitspanne, vielleicht ein oder zwei Jahrzehnte, automatisierbar.«

Ein oder zwei Jahrzehnte – das ist der Zeithorizont der Digitalisierung. Beim Smartphone, das Prozessorgeschwindigkeiten und Funktionen, die noch vor wenigen Jahrzehnten nur Regierungen, Raumfahrtprogramme und das Militär nutzen konnten, in die Hosentaschen einfacher Bürger transferiert, ist die Geschwindigkeit des Fortschritts wesentlich größer als die Vorstellungskraft derer, deren Leben es bestimmen wird und die sich häufig noch immer denken, dass alles nicht so heiß gegessen wird, wie es gekocht wird – auch wenn das Gericht, das sie gerade genießen, längst ofenfertig aus einer Fabrik geliefert und in vielen Restaurants nur noch aufgewärmt und garniert wird. Die Hände, die in der Küche den Petersilienstrauß auf das Filetstück legen, stellen die erste menschliche Intervention in der automatisierten Produktionskette dar.

Die Oxford-Studie mag alarmistisch scheinen, aber ihre Schlussfolgerungen sind wesentlich konservativer als die anderer Autoren. Es ist zwar möglich, wie Robert B. Reich bemerkt, Industriejobs in die USA zurückzuholen, aber sie werden an Maschinen gehen, nicht an Menschen. Das verfehlt nicht nur seinen Zweck für amerikanische Arbeitnehmer – es wird auch gravierende Auswirkungen auf die boomenden Wirtschaftsräume Südostasiens haben, denn ein Roboter arbeitet auch in Frankreich oder in Tennessee billiger und verlässlicher als ein burmesisches Kind oder eine malaysische Arbeiterin.

DAS ZWEITE MASCHINENZEITALTER

In den westlichen, industrialisierten Ländern hat sich diese Entwicklung schon längst bemerkbar gemacht, wie die Technologiespezialisten Andrew McAfee und Eric Brynjolfsson in ihrem Buch *The Second Machine Age* beschreiben. Besonders ein Phänomen erscheint den Autoren, die an der Spitze der digitalen Entwicklung arbeiten – beide sind Direktoren der Initiative on the Digital Economy am renommierten MIT –, als besonders signifikant. Sie nennen es *the great decoupling* – die große Entkopplung. Wirtschaftlicher Erfolg und Produktivität eines Wirtschaftsraums lösen sich seit den späten 1990er Jahren zum ersten Mal in der Geschichte der industriellen Revolution von der Zahl und der Bezahlung der Beschäftigten. Während die Produktivität weiter und weiter steigt, reduziert sich die Zahl der Beschäftigten immer weiter, und auch die Einkommen der Angestellten in der Mitte der Einkommensskala brechen immer stärker weg.

Noch dramatischer ist diese Situation nach Brynjolfsson und McAfee, wenn man vergleicht, welchen Anteil die Einkommen der Arbeiter und Angestellten einerseits und die von Unternehmen erwirtschafteten Profite andererseits am Bruttosozialprodukt haben. Während der gesamten Nachkriegszeit und bis in die frühen 2000er Jahre bewegten sich diese beiden Indikatoren parallel. Wenn die Industrie mehr verdiente, bekamen auch die Arbeiter mehr, in Krisenzeiten sank das Einkommen beider. Dann aber setzte ein dramatisches Auseinanderdriften ein. Heute liegen fast 15 Prozent Unterschied zwischen ihnen, mit stark steigender Tendenz. Gleichzeitig steigen die Arbeitslosenzahlen besonders bei jungen, nicht gut qualifizierten Menschen, die neu auf den Arbeitsmarkt kommen (oder eben nicht kommen).

Auch die Zusammensetzung der Arbeitnehmer ändert sich – weniger Arbeiter in der Industrie, mehr Angestellte in repetitiven Routinejobs, also den Jobs, die als Erste digitalisiert werden können und die auch so nur eine unsichere Zukunft bieten. Die beiden Autoren, denen niemand vorwerfen kann, sozialistische Sympathien zu hegen, sprechen von einer *winner-take-all economy,* einer Wirtschaft, in der eine kleine Minderheit Wohlstand und Macht akkumuliert, während der Rest der Gesellschaft ums Überleben kämpft.

Menschliche Arbeit wird zusehends weniger wichtig für die Produktivität einer Gesellschaft. Das erste Maschinenzeitalter, so Brynjolfsson und McAfee, automatisierte einen Großteil der Muskelarbeit und erlaubte so einer riesigen Anzahl von Menschen den Aufstieg in Jobs, die kognitive Fähigkeiten betonten. Das zweite Maschinenzeitalter, das mit dem Internet und der rapiden Verbesserung der digitalen Leistungsfähigkeit begonnen hat, automatisiert nicht nur diese Aufgaben; die Lernfähigkeit der neuen Systeme bedeutet, dass sie auf jeden Bereich anwendbar sind.

Immer weniger Menschen, die auf manuelle oder repetitive Arbeit angewiesen sind, um ihren Lebensunterhalt zu verdienen, finden auch tatsächlich ausreichend Arbeit, und für diese Arbeit werden sie immer schlechter bezahlt. Immer mehr gehen die Profite der technologischen Revolution an die Besitzer der Technologie und nicht an die Gesellschaft, auch weil ein wesentliches Merkmal dieser Revolution ist, dass ihre Produktivität mit einem Minimum an menschlicher Arbeit realisiert werden kann.

Vor der Ära der digitalen Fotografie – also vor etwa 20 Jahren – hieß der Marktführer Kodak, ein Konzern, der Filmrollen produzierte und Fotos entwickelte und der 1988 145 000 Angestellte hatte. Digitalfotos zerstörten die Geschäftsgrundlage des Konzerns, der zu lange auf die analoge Fotografie setzte und sich zu spät umorientierte. 2004 war die Belegschaft von Kodak auf 15 000 geschrumpft. Die Konkurrenz aber war nicht nur erdrückend, sie war auch dramatisch anders strukturiert. Als Facebook 2012 die Start-up-Firma Instagram kaufte, die sich weltweit als Foto-App für Smartphones etabliert hatte, zahlte es eine Milliarde Dollar für den täglich von Millionen von Menschen genutzten Dienst. Zu diesem Zeitpunkt beschäftigte Instagram 30 Angestellte.

Der Ökonom und ehemalige US-Arbeitsminister Robert B. Reich skizziert die sozialen Konsequenzen dieser technologischen Entwicklung. Die Realität der technologischen Verdrängung *(technological displacement)* bedeutet, dass mehr und mehr Menschen schlechtere und schlechter bezahlte Jobs annehmen müssen und sich kraft ihrer eigenen Arbeit nicht mehr aus dieser Situation befreien können. In seinem Buch *Das Kapital im 21. Jahrhundert* demonstrierte Thomas Piketty das mithilfe einer historischen Analyse. Das Einkommen aus Arbeit sinkt weiter, das aus Kapital steigt.

Was das bedeutet, ist nicht weniger als ein Ende des großen Versprechens in den liberalen Ländern der Nachkriegszeit: Wer hart arbeitet und gut ausgebildet ist, kann sich ein Leben aufbauen, kann sozial aufsteigen und am Wirtschaftswachstum teilhaben. Diese Verbindung zwischen Arbeit und sozialem Aufstieg ist zerbrochen und mit ihr auch ein weiteres zentrales Versprechen, nämlich dass es den eigenen Kindern einmal besser gehen wird als den Eltern. Vielleicht waren auch das schon unrealistische Erwartungen, da sie im Prinzip unendliches Wirtschaftswachstum voraussetzen, aber sie hatten den Vorteil einer klaren und leichten Verständlichkeit und einer essenziellen Gerechtigkeit. Wer hart arbeitet, wird gut entlohnt und darf die Früchte seiner Arbeit ernten.

Die große Entkopplung von Profit und Einkommen und der Niedergang der menschlichen Arbeit markieren den Punkt, an dem die Digitalisierung tief in soziale Strukturen und demokratische Hoffnungen einzugreifen begann. Leider sind industrialisierte (oder postindustrielle) Gesellschaften schlecht darin, technologischen Wandel in gewollten und gesteuerten sozialen und politischen Wandel umzusetzen.

WENN DIE ARBEIT VERDORRT

Der Niedergang der sozialistischen und sozialdemokratischen Parteien Europas im letzten Jahrzehnt ist ein Beispiel für diesen verzögerten oder versetzten Wandel. Linke Parteien stützten sich auf die Gewerkschaftsbewegung und damit auf organisierte Arbeitnehmer, von denen viele in der Schwerindustrie oder im Bergbau beschäftigt waren. Mit der Schließung der Bergwerke und dem Outsourcing von Industrieproduktion an billigere Standorte verschwanden diese Jobs, nicht aber die Menschen, die sie gemacht hatten. Mit den Arbeitsplätzen verschwand eine ganze Kultur. Arbeiter zu sein war nicht nur eine Einkommensquelle, sondern ein immenser Stolz auf die eigene Identität, eine hart erkämpfte Zukunftssicherheit und eine Lebenswelt, eine Kultur mit eigener Prägung, eigenen Strukturen, einer eigenen Freizeit-Kultur (von Fußballvereinen bis hin zu Blaskapellen) – und einer Stimme, die bis ins Parlament gehört wurde.

Mit dem Zusammenbruch der Industriearbeit verschwanden auch Dynamik und Einfluss dieser Arbeiterkultur. Zurück blieb ein fragmentiertes Prekariat ohne soziale Sicherheit, ohne Stolz auf den eigenen Job, ohne Stimme und ohne Verhandlungsposition, ohne einen Platz am Tisch der politischen Entscheidungsfindung. Isoliert von der gesellschaftlichen Diskussion, kamen trotz Umschulungen und Jobinitiativen viele der ehemaligen Arbeiter zu dem Schluss, dass dies nicht mehr ihre Gesellschaft war, dass die Mächtigen sich nicht mehr um ihre Interessen kümmerten.

So ist es wenig überraschend, dass die Wahlbeteiligung dieser sozioökonomischen Gruppe schneller sank als die der anderen, und es ist verständlich, dass sozialdemokratische und sozialistische Parteien daraus den marktwirtschaftlich vernünftigen Schluss zogen, sich eine neue Wählerbasis zu suchen: höher gebildete Menschen in den Städten. Der enorm gestiegene Bildungsgrad der Mitglieder der britischen Labour Party oder der SPD in Deutschland spiegelt diesen Wandel wider. Gleichzeitig begannen sozialistische Parteien auch, mit Begeisterung die damals modernen neoliberalen Wirtschaftsideen in ihre Programme zu integrieren.

In den neuen Ökonomien um die Jahrtausendwende spielten linke Parteien nicht mehr die Rolle, die sie seit einem Jahrhundert gespielt hatten. Die Schicht ihrer ehemaligen Wähler fühlte sich zu Recht betrogen und im Stich gelassen. Was diese Entwicklung aber bedingte, waren eine globalisierte Wirtschaft und ein technologischer Wandel, die gesellschaftlich nicht ausreichend absorbiert werden konnten.

Manche Länder, wie Deutschland und Schweden, verstanden es erstaunlich gut, den ehemaligen Arbeitern eine Ausbildung in neuen Technologien zu ermöglichen und sie so im Arbeitsmarkt zu halten, andere, allen voran Großbritannien und die USA, ließen weite Teile der arbeitenden Bevölkerung mit diesem Problem allein, was nicht nur zu zerstörten Lebensentwürfen und Hoffnungslosigkeit, sondern auch zur wirtschaftlichen Verödung und zum dramatischen sozialen Abstieg ganzer Regionen besonders in Nordengland und Wales sowie im amerikanischen Rust Belt führte. Städte wie Detroit haben sich nie von diesem Schock erholt.

Sehr eindrücklich schildert Didier Eribon diese Geschichte von Entfremdung und Demütigung einer Arbeiterfamilie in seiner Autobiografie *Retour à Reims* (*Rückkehr nach Reims,* 2009). Er beschreibt, wie der Junge aus kleinen Verhältnissen, der in der französischen Provinz als Kind von kommunistischen Arbeitern aufgewachsen war, nach Jahren in Paris und einer Universitätskarriere wieder an den Ort seiner Kindheit zurückkehrt. Er ist inzwischen ein offen schwuler Akademiker und Autor mehrerer Bücher, eine Identität, mit der seine Familie große Schwierigkeiten hat. Sie sind zu Front-National-Wählern geworden und hassen »die Eliten« in der Metropole. Arbeit haben nur wenige von ihnen.

Der eine Generation jüngere Édouard Louis beschreibt in seinem autobiografischen Roman *En finir avec Eddy Bellegueule* (*Das Ende von Eddy,* 2015) eine noch beklemmendere Situation. Auch für ihn ist seine Homosexualität die Bruchstelle zwischen sich selbst und einer Umgebung, in der die eigene Demütigung und Hoffnungslosigkeit nur durch Machotum und durch Hass kompensiert werden. »In dem Dorf in der deindustrialisierten Picardie [...] herrschten Arbeitslosigkeit, Elend, Alkohol, Gewalt, eine brutale Männlichkeit«, fasst der Autor diese Situation in einem Interview zusammen. Der Held des Romans, der den Namen des Autors trägt, bricht schließlich mit dieser Welt der ständigen verbalen und physischen Gewalt und nimmt für sein neues Leben als Schriftsteller in der Großstadt einen anderen Namen an.

Der amerikanische Autor J. D. Vance zeichnet in seinen Memoiren *Hillbilly Elegy: A Memoir of a Family and Culture in Crisis* (2016) ein erstaunlich ähnliches Bild von seiner eigenen Familie in Ohio, die, wie er selbst schreibt, zum »*white trash*« gehört und deren Mitglieder ohne feste Arbeit oder persönliche Ambitionen seit Jahrzehnten Leben führen, die von häuslicher Gewalt, Problemen mit Drogen und Alkohol und zerbrechenden Beziehungen geprägt sind. Vance allerdings, heute ein konservativer Jurist, geht mit der weißen Arbeiterklasse, aus der er stammt, hart ins Gericht. Anders als die beiden liberalen Franzosen macht er die Armen selbst mitverantwortlich für ihre Disziplinlosigkeit, ihre Drogenprobleme, ihre Abhängigkeit vom Staat, ihre Oberflächlichkeit, ihre Gewalt und ihren Hass auf Außenseiter.

ABSTURZ MIT ANSAGE

Der Streit um die Eigenverantwortlichkeit der Armen und der Unwissenden ist alt. Für Kant, den alten Pietisten, war die Unmündigkeit der Menschen »selbstverschuldet«, und für US-amerikanische Konservative ist sie das noch heute. Gerade diese Kontrolle über das eigene Schicksal und die Kompetenz, Entscheidungen zu treffen, werden paradoxerweise durch den technologischen Fortschritt tendenziell immer weiter eingeschränkt. Eine soziale Fiktion unterwandert sich selbst.

Der Flug 447, bei dem am 1. Juni 2009 ein Flugzeug auf dem Weg von Brasilien nach Frankreich mit 228 Passagieren an Bord in den Atlantik stürzte, macht diese Folgen deutlich. Wie die Untersuchung der Unglücksursachen ergab, waren die Geschwindigkeitsmesser der Maschine für etwa eine Minute von Eiskristallen blockiert, was inkonsistente Messergebnisse lieferte, einen Alarm im Cockpit auslöste und den Autopiloten automatisch ausschaltete. Die Piloten hätten das Flugzeug manuell einfach weiterfliegen können, waren von der Situation aber völlig überfordert und reagierten falsch, mit fatalen Folgen. Die offizielle Untersuchung des Unglücks kam zu dem Schluss, dass ein wichtiger Faktor in der Verkettung der tödlichen Umstände die Tatsache war, dass die Piloten der während des Fluges vollständig vom Bordcomputer gesteuerten Maschine einfach nicht die Erfahrung hatten, um mit der Situation umzugehen. Sie hatten genug Flugstunden und Trainingseinheiten hinter sich, aber ihr Berufsalltag bestand aus wenig mehr als Abheben, Landen und dazwischen Sitzen und Zusehen. Die Technologie konnte längst ohne Menschen auskommen, und die Piloten waren gerade durch ihre vielen Flugstunden paradoxerweise nicht imstande, die richtigen Maßnahmen zu ergreifen, weswegen sie die Maschine zum Absturz brachten.

Deskilling, der Verlust von Kompetenzen und Fähigkeiten, ist ein wichtiger Aspekt im Umgang mit Technologie. Wer muss noch Rechtschreibregeln beherrschen, wenn der Computer einen Text automatisch korrigiert? Warum sollte man einen Führerschein brauchen, um in ein selbstfahrendes Auto zu steigen, warum eine Fremdsprache beherrschen, wenn man sich über Skype schon jetzt und in Echtzeit mit Menschen unterhalten kann, die eine andere Sprache sprechen?

Je mehr die Technologie Menschen abnimmt, desto weniger können sie, desto abhängiger und weniger selbstständig sind sie. Dabei ermöglicht beispielsweise das Erlernen einer Fremdsprache nicht nur eine triviale Unterhaltung mit einem Fremden, es eröffnet neue intellektuelle und emotionale Horizonte. In einer anderen Sprache kann man anderes ausdrücken, ein anderer Mensch sein, und diese Realisierung, dieses Freiheitserlebnis wird zu einem Bestandteil der eigenen Persönlichkeit, die keine Technologie ersetzen kann.

Konsumgüter sind auf eine durchschnittliche Kompetenz zugeschnitten und kalkulieren die Faulheit der Verbraucher mit ein. Sie müssen einfach zu bedienen sein, begrenzte Optionen anbieten, dürfen niemanden überfordern. Sie sollen das Leben vereinfachen, es bequemer machen, ihren Besitzern Entscheidungen abnehmen. So wird das persönliche Erleben zur Navigation zwischen Menüoptionen und Buttons, zu einer Abfolge standardisierter Gesten, um auf vordefinierte Inhalte zuzugreifen. Während die Traumwelt der *digital natives* eine kreative Explosion verspricht, haben ihre Produkte eine starke Tendenz, Nutzer zu infantilisieren.

In seinem meisterlichen Buch *Handwerk* beschreibt der Soziologe Richard Sennett die Folgen, die eine schleichende Erosion der persönlichen Kompetenzen haben kann, und plädiert für eine Wiederbelebung des Handwerks, nicht als folkloristische Tradition, sondern als Einstellung zur eigenen Umwelt, die es, digital wie analog, aktiv zu gestalten gilt. So wird Handwerk zum Gegenentwurf zur Infantilisierung des Konsumenten. Handwerk, das ist für Sennett ein Prozess der Ausweitung und Vertiefung von Fähigkeiten, die aus einer Tradition stammen und in neuen Zusammenhängen neue Resultate schaffen, eine Praxis, die, wie Sennett bemerkt, nicht nur den Vorteil hat, neue Lösungen zu schaffen, sondern auch neue Problemstellungen, deren Lösungsansätze individuelle und gemeinschaftliche Lernprozesse beflügeln.

VOM EIGENEN FORTSCHRITT ÜBERRUNDET

Diese Vision vom handwerklichen Denken als buchstäblichem Ergreifen von Problemen wird meist durch die enorme Geschwindigkeit der technologischen Veränderung verdrängt. Der Wirtschaftshistoriker Karl Polanyi war der Ansicht, es sei auch Aufgabe einer Regierung, Transformationen so weit zu verlangsamen, bis sie sozial verträglich werden. Was aber tun, wenn ein globalisierter Markt und eine sich exponentiell beschleunigende technologische Entwicklung diese Veränderungen immer rasanter vorantreiben? Neue Technologien schaffen immense Möglichkeiten, deren sozialer Effekt sich aber ins Gegenteil verkehrt, wenn der Wohlstand, den sie generieren, einer immer kleineren Gruppe innerhalb der Gesellschaft zugute kommt, während der Großteil der Menschen im Wettbewerb mit Algorithmen und Robotern nicht nur wirtschaftlich zurückgelassen, sondern auch intellektuell und in Bezug auf die eigenen Kompetenzen reduziert wird.

Ein wesentliches Problem ist, dass die Digitalisierung (wie auch der Klimawandel) schneller voranschreitet, als Gesellschaften sinnvoll darauf reagieren können. Der Niedergang der linken Parteien ist ein Indiz für die Schwierigkeit von Gesellschaften, ihre eigene Struktur und vielleicht auch ihre Ideen an neue, technologisch geschaffene Realitäten anzupassen. Ein Grund dafür ist auch, dass Ideen und gesellschaftliche Einstellungen nicht so einfach auswechselbar oder aktualisierbar sind wie Software. Ideen leben und sterben mit den Generationen, in denen sie geboren werden. Wenn der technologische Wandel schneller ist als der Generationenwechsel, entsteht notwendigerweise eine gewisse Verwerfung.

Diese Entwicklung folgt einer strikten wirtschaftlichen Logik. Die Industriearbeiter des 20. Jahrhunderts hatten deswegen eine Stimme in der politischen Entscheidungsfindung, weil der berühmte Vers aus dem Bundeslied des Arbeitervereins, dem Vorgänger der SPD, tatsächlich richtig war: »Alle Räder stehen still, wenn dein starker Arm es will.« Keine Fabrik konnte ohne Arbeiter etwas produzieren, kein Bergwerk Kohle fördern, keine Werft Schiffe bauen. Durch die fortschreitende Digitalisierung verändert sich diese Logik. Die neuen Industriebarone müssen sich um die Belange der Armen nicht mehr kümmern – es sei denn, dieses neue Proletariat beginnt eine Revolution.

Auch politisch hat diese Umstrukturierung der Arbeit von Menschen zu Maschinen enorme Bedeutung. Wenn diejenigen, in deren Händen die Produktivität liegt, eine politische Stimme haben, dann werden diejenigen am lautesten gehört, denen die Maschinen gehören oder die sie kontrollieren. Eine winzige Oberschicht von Technologie-Baronen würde dann noch mehr Einfluss auf die politische Entscheidungsfindung haben, als es Industrien und Lobbyisten bereits jetzt haben, und bei zunehmender Monopolisierung wird das bedeuten, dass eine Handvoll Oligarchen die Geschicke ganzer Nationen nicht, wie heute, hinter den Kulissen lenkt, sondern als unangreifbare Herrschaft, gestützt auf Big Data, totale Überwachung, unbegrenztes Geld und allwissende Algorithmen.

In einer Gesellschaft, in der menschliche Arbeit obsolet ist, sind auch die Menschen obsolet. Ihr Wohlergehen, ihre Produktivität und ihre Interessen sind nicht mehr wichtig für diejenigen, die die Produktionsmittel in Händen halten, oder allenfalls insoweit, als auch die Produkte automatisierter Herstellungsketten noch immer Konsumenten brauchen. Eine höchstwahrscheinlich apokryphe Geschichte macht das deutlich. Bei einem Rundgang durch die Hallen der Ford-Autofabrik, die mit der ersten Generation von Robotern ausgerüstet war, zeigte Henry Ford II. auf die mechanischen Arbeiter und fragte den Gewerkschaftssekretär Walter Reuther scherzhaft: »Na, Walter, wie willst du die da dazu bringen, deiner Gewerkschaft beizutreten?« Reuther antwortete mit einer Gegenfrage: »Und wie willst du sie dazu bringen, Autos zu kaufen?«

Die Tatsache, dass man auch weiterhin Konsumenten benötigt, hat selbst rechtsliberale Ökonomen wie beispielsweise Friedrich August von Hayek und Milton Friedman zu Unterstützern eines bedingungslosen Grundeinkommens gemacht. Die zugrunde liegende Idee ist einfach: Wenn eine Wirtschaft keine menschliche Arbeit mehr braucht, ihre Produktivität dadurch aber nicht sinkt, müssen die Profite aus dieser Produktivität umverteilt werden, damit auch weiterhin konsumiert werden kann, denn sonst würde das ganze System kollabieren.

Dies ist vielleicht der einzige Punkt, in dem klassische Wirtschaftswissenschaftler mit linksgerichteten Aktivisten übereinstimmen, wenn auch aus unterschiedlichen Gründen. Für Letztere ist es eine Frage der sozialen Gerechtigkeit, Menschen nicht einfach deswegen zurückzulassen, weil sie, wie Millionen von Arbeitslosen schon heute, wirtschaftlich nutzlos geworden sind.

Wirtschaftlich gesehen ist es schlicht eine Definitionsfrage, ob man nur menschliche produktive Arbeit oder alle produktive Arbeit besteuern sollte. Für die Gesellschaften, aus denen die Erwerbsarbeit für Menschen verschwindet, könnte es aber einen gigantischen Unterschied bedeuten. Wie Brynjolfsson und McAfee betonen, wird das Problem der entwickelten Gesellschaften nicht sein, Mangel zu verwalten, sondern Reichtum zu verteilen. Es ist wahrscheinlich, dass es ohne Umverteilung zum Entstehen einer ungebildeten, armen, vielleicht sogar hungrigen, aber sicherlich verbitterten Unterklasse kommen wird und damit zu Unruhen, steigender Unsicherheit, exploidierender Kriminalität und insgesamt sozialen Verhältnissen, wie sie heute nur aus Gesellschaften bekannt sind, auf die der Staat nur wenig Zugriff hat und die de facto von Drogenhändlern oder anderen Kriminellen regiert werden. Ein oft vorgebrachtes Argument gegen ein bedingungsloses Grundeinkommen ist moralisch oder, um genau zu sein, protestantisch gefärbt. Wer nicht arbeitet, soll auch nicht essen, besagt es, in einer anständigen Gesellschaft gibt es nichts umsonst, auch wenn sich der Staat aus Barmherzigkeit bereitfindet, den Bedürftigsten Unterstützung zukommen zu lassen, die oft mit demütigenden Ritualen und Befragungen auf den entsprechenden Ämtern verknüpft ist. Was aber wird aus diesem Argument, wenn ein Großteil der Bürger eines Landes für die Produktivität der Wirtschaft einfach nicht mehr gebraucht wird? Was wird dann aus dem Menschenrecht auf Würde, geschweige denn dem *pursuit of happiness?*

Vielleicht noch gravierender ist eine andere Frage. Wer sind wir, wenn wir nicht mehr arbeiten? Wir beziehen unser Selbstwertgefühl, unsere Identität aus unserer Erwerbsarbeit. Wir sind Bauarbeiter und Steuerberaterinnen, Krankenpfleger, Akademikerinnen und Mechaniker. Was sind wir, wenn wir keinen primären Beruf mehr haben? Wie funktioniert eine Gesellschaft, in der Arbeit freiwillig und oft unbezahlt ist – und kann sie überhaupt funktionieren? Wir werden diesen Fragen und einigen Versuchen, sie zu beantworten, an späterer Stelle wiederbegegnen.

·

Fortschritt ist nicht zielgerichtet – es geht einfach nicht immer aufwärts; vielmehr ist wahrscheinlich, dass unser eigener technologischer Fortschritt uns zauberlehrlingsartig und unwiderruflich überholt und am Wegrand der Geschichte liegen lässt. Wenn die Maschinen jemals zu Bewusstsein erwachen, werden sie sich kaum für uns interessieren. Ihre Zukunft liegt anderswo, und ihre evolutionäre, noch biologische Vorstufe wird höchstens zum Störfaktor und Konkurrenten ihrer Weiterentwicklung. Sie werden damit eine menschliche Tradition fortführen, nämlich die Eliminierung einer ursprünglichen Bevölkerung durch eine kognitiv und technologisch weiter entwickelte – eine Tradition, die von der Auslöschung der Neandertaler bis zum Massenmord an den indigenen Völkern Nord- und Südamerikas durch Kolonialherren, Siedler und Industriebosse reicht.

Warum sollten die Maschinen mehr Empathie aufbringen, als unsere Vorfahren es getan haben? Warum sollte sich das Hefe-Prinzip des kollektiven Verhaltens nicht auch auf sie übertragen? Oder werden sie vielleicht unemotional und rational genug sein, ihr langfristiges Eigeninteresse zum Leitprinzip zu machen und sich deswegen ihre Lebensgrundlage zu erhalten, auch wenn ihre Anforderungen ganz andere sein werden? Und wie werden diese Anforderungen aussehen?

Es gibt faszinierende, wenn auch kaum beruhigende Szenarien für die Zukunft der menschlichen Bewohner eines von Maschinen dominierten Planeten. Vielleicht sehen die Maschinen gar keinen Mehrwert in natürlicher Diversität, tropischen Regenwäldern und sauberen Ozeanen. Vielleicht sind ihnen die Gesänge der Wale und die unentdeckten Spezies von Laubfröschen völlig gleichgültig, nicht Teil der Parameter, die ihre Algorithmen erfassen. Wird eine dieser Maschinen, eines der neuronalen Netzwerke, die bis dahin den Planeten umspannen, dann irgendwann so etwas wie einen Geschichtssinn entwickeln, eine Neugier, eine Frage nach der eigenen Herkunft und dem Preis des eigenen Bestehens?

DER UMERZÄHLTE MENSCH

Unsere enorm produktive Wirtschaft verlangt, dass wir den Konsum
zum Lebensinhalt machen, dass wir den Kauf und Gebrauch von Waren
in Rituale verwandeln, dass wir unsere spirituelle Befriedigung,
unsere Ich-Befriedigung im Konsum suchen. Wir müssen dafür sorgen,
dass immer mehr Dinge konsumiert, verbraucht, aufgetragen, ersetzt
und weggeworfen werden.

VICTOR LEBOW, JOURNAL OF RETAILING, 1955

Die Degradierung und Veränderung der natürlichen Umwelt
und der menschlichen Arbeit sind die transformativen Energien, die die nächsten Jahrzehnte bestimmen werden. Während der Klimawandel aber eine Realität ist, die allenfalls ein-
gedämmt werden kann, birgt die Digitalisierung auch enorme
Chancen für die Entwicklung neuer Formen des Wirtschaftens
und Zusammenlebens. Die Frage ist nur, ob die reichen Gesellschaften, die den meisten Einfluss und den größten Handlungsspielraum haben, willens und imstande sein werden, diese
auch zu nutzen. Bevor wir uns der unmittelbaren Zukunft zu-
wenden können, müssen wir deshalb noch einen Faktor betrachten, der in dieser Geschichte eine entscheidende Rolle
spielt, nämlich den Hauptakteur in diesem Drama, uns selbst.

Menschen sind Primaten, die sich Geschichten über sich
selbst erzählen. In diesem einfachen Satz liegt das ganze Geheimnis der Kultur, die Homo sapiens über viele Jahrtau-
sende hinweg entwickelt hat. Geschichten sind kontrafakti-

sche Weltentwürfe: Sie schaffen aus der Zufälligkeit, aus den Ungerechtigkeiten und der Kontingenz der Welt einen höheren Sinn, eine Orientierung und einen Wertekanon. Sie schaffen Selbstbilder und Haltungen, die in Handlungen übersetzt werden.

Ein Beispiel. Vor drei Jahren, am 100. Jahrestag des Ausbruchs des Ersten Weltkriegs, stand ich vor einer Gymnasialklasse in Deutschland, um mit den Jugendlichen über diesen Jahrestag zu sprechen. Die Krim-Krise hatte gerade ihren Höhepunkt erreicht, und ich stellte den etwa 16-jährigen Schülerinnen und Schülern eine einfache Frage:»Wenn Deutschland wegen der Invasion der Krim Russland den Krieg erklärt, wer von euch würde sich freiwillig zur Armee melden?«

Nicht eine einzige Hand rührte sich. Noch bemerkenswerter aber war der Gesichtsausdruck der Schüler, die mich anstarrten, als wäre ich gerade von einem anderen Planeten gebeamt worden. Vielleicht war ich das auch. Der Planet, von dem ich gekommen war, war das Deutsche Kaiserreich, als in demselben Städtchen im Juli 1914 mit großer Wahrscheinlichkeit alle Hände der Urgroßväter dieser Schüler nach oben geschossen waren.

Die Reaktion der Jugendlichen auf meine Frage hat sicherlich viel mit der Friedenserziehung im Nachkriegsdeutschland zu tun, aber es wurde deutlich, dass sie sich nicht nur eine solche Frage nie selbst gestellt hatten, sondern sie auch als völlig unverständlich ansahen. Es war nicht, wie das darauf folgende Gespräch ergab, so, dass sie sich aus pazifistischer Überzeugung dagegen entschieden hatten; die Frage wäre ihnen nie in den Sinn gekommen. Warum sollten sie ihr Leben aufs Spiel setzen für irgendeinen fremden Ort, für eine Politik, die sie nicht einmal interessierte?

Der Kontrast zwischen den jubelnden Rekruten, die 1914

aus einem wesentlich schwächeren Grund (der Ermordung eines fernen habsburgischen Erzherzogs durch einen noch ferneren Fanatiker am fernsten Rand Europas) einrückten, und der Schulklasse 2014 könnte stärker nicht sein. Dabei geht es nicht darum, ob Krieg schlecht ist oder nicht, ob junge Männer bereit sein sollten, für chauvinistische Ideen zu sterben und zu töten, sondern darum, dass sich das Selbstbild einer Gesellschaft so offensichtlich und radikal verändert hat. Was 100 Jahre zuvor eine Selbstverständlichkeit gewesen war, wurde von den Urenkeln der damaligen Freiwilligen als eine absurde Idee betrachtet, und zwar nicht infolge eines individuellen Denkprozesses, sondern durch die Veränderung des Meinungsklimas.

Menschen sind die Produkte der Geschichten, die sie über sich selbst erzählen, die ihre Gemeinschaft über sich erzählt. Fakten spielen dabei höchstens eine untergeordnete Rolle; meistens werden sie entweder ignoriert oder nach Bedarf nutzbar gemacht, verzerrt, uminterpretiert, geleugnet oder erfunden. Vor einem Jahrhundert waren das Narrative von Heldentum und Selbstaufopferung, heute sind es andere Ideale, die in unseren Geschichten dramatisiert werden. Da diese Geschichten in Handlungen münden, ist es wichtig, Entstehung und Struktur dieser Geschichten zu verstehen, um der Frage, wie Menschen sich in der Zukunft verhalten könnten, etwas näher zu kommen.

Welche Geschichten liegen zwischen zwei Klassen von Gymnasiasten in demselben kleinen Ort, 100 Jahre voneinander getrennt und doch häufig Mitglieder derselben Familien? Zwei Weltkriege, natürlich. Gleichzeitig aber haben unterschiedliche Länder sehr unterschiedliche Lehren aus dem Krieg gezogen, je nachdem, ob sie die Degeneration und Zerstörung der eigenen Zivilisation erlebt haben, ob sie zu den Opfern gehörten oder sich als Befreier betrachteten. Die USA und Großbritannien befreiten Westeuropa, die Sowjetunion befreite die östlichen Länder und emanzipierte sie vom Joch des Kapitalismus, zumindest nach eigener Darstellung.

Trotz dieser sehr unterschiedlichen Erfahrungen teilen deutsche Teenager viel mehr mit amerikanischen, russischen, iranischen, algerischen, japanischen und chilenischen Altersgenossen, als sie trennt. Sie sind Teil derselben globalen Popkultur, derselben sozialen Netzwerke. Sie tragen die gleichen Kleider, ihre visuellen Codes, Obsessionen und viralen Videos überspringen (soweit es die Zensur erlaubt) nationale Grenzen, sie spielen dieselben Computerspiele, lesen Mangas, unterstützen dieselben Fußballvereine, träumen von denselben Turnschuhen – und, wie schon immer, vom Jungen oder Mädchen von nebenan.

Das Faszinierende an dieser Liste ist, dass mit Ausnahme der letztgenannten jede dieser Aktivitäten eine finanzielle Transaktion und einen Datenstrom generiert. Die meisten Menschen in entwickelten Ländern sind Teil dieses globalen Mechanismus, der wie von Zauberhand Identitäten in Zahlen übersetzt – Zahlen als Nummern und als Aktivität.

Diese intensive Verschränkung von Identität und Konsumhandlungen ist genuin neu in der Geschichte von Homo sapiens, eine Erfindung des 20. Jahrhunderts und eine soziale Realität erst seit der Nachkriegszeit. Gerade in dem Jahrzehnt, in dem die Kohlendioxid-Kurve des Klimadiagramms in die Stratosphäre schießt, hatte sich in den Vereinigten Staaten und in Europa durchgesetzt, dass Frieden, Fortschritt und Quartalszahlen am besten damit gedient ist, wenn man Bürger als Konsumenten anspricht und sie mit nie dagewesener Konsequenz zu Konsumenten erzieht.

Am Anfang dieses Prozesses (an einem Anfang von mehreren) steht eine Kiste Havanna-Zigarren, die ein junger amerikanischer Delegierter der Pariser Friedenskonferenz 1919 seinem Onkel nach Wien schickte. Absender war ein Propagandaexperte namens Edward Bernays. Sein Onkel, der sich mit einem seiner Bücher revanchierte, hieß Sigmund Freud.

Nach seiner Rückkehr nach New York beschäftigte sich Bernays mit der Lehre seines Wiener Onkels, den er nie getroffen hatte. Er fand darin die Antwort auf die Frage, was ein Kriegspropagandist, der Durchhalteparolen verbreitet hat, in Friedenszeiten tut. Er fand gleichzeitig die Antwort auf eine noch viel größere Frage: was eine nationale Industrie, die auf Kriegsproduktion maximiert worden war und ungekannte Warenmengen auf den Markt warf, tun konnte, um die befürchteten Produktionsüberschüsse, Entlassungen und die Aktienverluste zu verhindern. Bernays' Antwort war verblüffend einfach. Wenn die Industrie nicht genügend Kunden für ihre Produkte hat, dann muss sie diese Kunden eben erfinden.

Wie erfindet man Kunden? Man weckt bei der normalen Bürgerin, beim normalen Bürger ein Begehren, das sie vorher nicht hatten. Man sorgt dafür, dass sie tun wollen, was sie tun sollen, und was sie tun sollen, ist kaufen. Als Werbefachmann war Bernays frappiert von den Ideen seines Onkels, der postulierte, dass Menschen keine rationalen Wesen, sondern Strudel destruktiver Emotionen sind, die durch eine traumatische Erziehung so lange unterdrückt, geleugnet und sublimiert werden, bis sie wie Vernunft und Zivilisation aussehen.

Hier sah der ehrgeizige junge Mann einen Ansatzpunkt für die Werbung. Anstatt die Öffentlichkeit von den Vorzügen und der Verlässlichkeit von Waschmaschinen und Mundwasser zu überzeugen, galt es vielmehr, jedes Produkt zum Objekt der Sehnsucht zu machen, zum Ausdruck der individuellen Persönlichkeit, zum Zugang zu einer Welt der Eleganz und des Wohlstands. Jeder Kauf wurde zum sakralen Akt. *The rest is history.* Bernays setzte seine Strategie in zahllosen Kampagnen ein, von denen viele zu Schulbeispielen moderner Werbestrategien wurden. 1929, im Jahr des Börsenkrachs, interpretierte er die wunderbar phallischen Zigaretten zu Fackeln der Freiheit um und brachte so im Dienste der American Tobacco Company junge, emanzipierte Frauen zum Rauchen. Er verkaufte Bananen und Stars und Kleider und die Stars in den Kleidern anderer Kunden, abgebildet in den Magazinen eines dritten.

Um Einblick in die Gefühle der potenziellen Käufer zu bekommen, bediente sich Bernays eines Werkzeugs aus der Therapie und eines therapeutischen Zugangs: Fokusgruppen, deren Teilnehmer artikulieren sollten, nicht ob ein Joghurt ihnen schmeckte oder eine Seife gut reinigte, sondern was sie mit dem Anblick, den Gerüchen, dem Design assoziierten, welche Emotionen sie dabei hatten. Später, als politischer Berater mehrerer Präsidentschaftskandidaten, nutzte er diese Methode auch für die Entwicklung politischer Botschaften und die Perfektion des Images, das ein Politiker an die Öffentlichkeit trug. Die manipulative Absicht dahinter war kein Geheimnis. Bernays beschrieb seine Methode und ihre Konsequenzen in seinem Buch *Propaganda*:

In fast jeder Handlung unseres täglichen Lebens, ob im Bereich von Politik und Geschäft, in unserem sozialen Verhalten oder unserem moralischen Denken, werden wir von einer relativ kleinen Anzahl von Personen dominiert, welche die mentalen Prozesse und die sozialen Muster der Masse verstehen. Sie sind die Drahtzieher, die unsere öffentliche Meinung kontrollieren.

Diese Drahtzieher stellten, so Bernays, eine »geheime Regierung« dar, deren »bewusste und intelligente Manipulation der organisierten Gewohnheiten und Meinungen der Masse« Demokratie erst möglich mache. Kein Wunder, dass Verschwörungstheoretiker den Public-Relations-Guru lieben und auch Goebbels ihn (zu seinem Entsetzen) bewunderte.

Hinter der plakativen Behauptung aber stand eine ernsthafte Überzeugung, die Bernays mit seinen Klienten in der Industrie teilte. Konsens war das Produkt einer gut gelenkten Demokratie, nicht etwas, was man einfach sich selbst überlassen durfte. Eine Gesellschaft mit Wirtschaftswachstum bietet Jobs und Sicherheit, und dieses Wirtschaftswachstum wird von den Bürgern selbst angefeuert, die kaufen, kaufen, kaufen, um die Fabrikschornsteine rauchen zu lassen, ein unendlicher Kreislauf in immer neue Höhen des Wohlstands und der Zufriedenheit.

Dies war nur ein Anfang, wie gesagt, aber er war von entscheidender Bedeutung in einem viel größeren Projekt. Es führte ein neues Menschenbild in die gesellschaftliche Kommunikation ein, das Bild vom Menschen als einer Masse einander widersprechender, irrationaler und destruktiver Impulse, die im besten Fall und im Interesse aller durch Manipulation zu lenken ist. Aus Sicht der Mitglieder dieser Masse schaffte Bernays etwas anderes: Niemand vor ihm hatte Konsum so sehr zum sakralen Akt gemacht, wie der eingangs zitierte Victor Lebow ihn 1955 beschrieb: Wir machen »Konsum zum Lebensinhalt«, verwandeln »Kauf und Gebrauch von Waren in Rituale«, suchen »unsere spirituelle Befriedigung«, »unsere Ich-Befriedigung im Konsum«.

DIE BESTE ALLER WELTEN

Konsum als Lebensmodell hat, so seine Befürworter, die beste aller Welten geschaffen. Je mehr Gesellschaften konsumieren, desto innovativer sind sie, desto wohlhabender, sicherer, friedlicher. Und nicht nur das: Durch die Massenproduktion wurde es möglich, das Los aller Menschen zu verbessern. Nie waren so wenige Menschen hungrig wie heute, nie konnten mehr Menschen lesen und schreiben, nie war die Kindersterblichkeit niedriger, nie lebten mehr Menschen in Demokratien oder in stabilen Staaten mit demokratischen Zügen. Ohne Konsumkonjunktur und ohne die fossilen Brennstoffe, die sie schufen, wäre nichts von alledem möglich gewesen.

Richtig, sagen die Kritiker. Unsicher ist allerdings, ob dieses Modell eine Zukunft hat, wie lange es durchgehalten werden kann, bevor die Risiken, die es geschaffen hat, erdrückend werden.

Es ist zu früh, um zu sagen, welche dieser beiden Seiten die Geschichte auf ihrer Seite haben wird. Untergangspropheten sind eine ermüdende Begleiterscheinung kultureller Spannungen. Dumme Optimisten allerdings sind noch anstrengender.

Aber langsam. Bevor wir falsche Gegensätze aufbauen, deren Einfachheit so verlockend ist: Es hat Konsumenten gegeben, seit es Städte gibt, und seit es Menschen gibt, die sesshaft sind, und Märkte, gibt es die Sehnsucht nach schönen

Dingen, nach Status, Bequemlichkeit und Prestige. Nichts Neues unter der Sonne. Oder doch: Neues aus dem Alten, Energie aus fossilisierten Organismen, Massenproduktion. Erst die industrielle Revolution gab dem Konsum seinen ersten großen Schub.

Schon unter Queen Victoria entwickelte die britische Mittelklasse einen unersättlichen Hunger auf *knick-knacks*, Nippes, die berühmten halbnackten Porzellanfiguren, Spitzendeckchen, Troddeln, Bordüren, Seidenblumen in chinesischen Vasen und was sonst noch in den *drawing rooms* der Mittelklasse zu finden war – auch wenn all diese kleinen Wunderwerke in London bei offenem Fenster innerhalb eines Tages von Ruß bedeckt waren, einem kleinen Gruß aus der Fabrik nebenan.

Es gibt Konsum, seit es Märkte gibt, und ohne Märkte kein Handel, kein Austausch, keine Toleranz, keine Demokratie. Konsum ist, wie der Kapitalismus, den er dynamisiert, ein wunderbares Instrument, das aber zum Monster wird, wenn es zum Selbstzweck gerät. Es geht also nicht um Konsumschelte, die immer intellektuell deprimierend pausbäckig ist, sondern darum, etwas anthropologisches Licht darauf zu werfen, wie sich Menschen einem Meinungsklima, einer großen Geschichte anpassen und nach welchen Motiven sie handeln, wenn sie sich vorrangig als Verbraucher sehen.

Dass das ursprünglich amerikanische Evangelium des Konsums auch in Europa und einigen Ländern Asiens Bewunderer fand, erklärt sich nicht zuletzt aus der Erfahrung des Krieges. Wirtschaftliche Zusammenarbeit und die Schaffung von Wohlstand hatten für die Architekten der Europäischen Gemeinschaft politische Priorität. Europa hatte gerade unvorstellbare Verbrechen und millionenfaches Leiden durch messianische Ideologien erlebt, und nach den Träumen vom Ende der Zeiten schien der Moment gekommen, nüchtern zu handeln und sich auch politisch an empirischen Beweisen zu orientieren. Zahlen lügen nicht. Gesellschaft ist Ökonomie plus Freizeit, vor allem aber Ökonomie. Der Erfolg dieser Gesellschaft wird in Produktionsziffern gemessen, in Umsatz und Profit.

Zahlen lügen nicht. Es gibt keine flunkernde Drei oder scheinheilige Neun. Aber die Experten, die sie an eine bestimmte Stelle setzen und ihnen eine Bedeutung zuschreiben, können lügen. Sie können sich auch irren. Und sie können die Zahlen redlich interpretieren, aber nach einer absurden Ideologie, an die sie tatsächlich glauben. Sie können beispielsweise glauben, dass Märkte, wenn man sie nur in Ruhe lässt, sich selbst regulieren und Arbeit wie Wohlstand ideal und gerecht verteilen, dass jeder seines Glückes Schmied ist, weil alle Menschen über dieselben Informationen verfügen, um dieselben informierten Entscheidungen zu treffen.

So weit die klassische Lehre, die noch heute an Universitäten unterrichtet wird. Diese neoklassische oder marktfundamentalistische Theorie hat den enormen Vorteil, dass die rationalen, informierten und freien Teilnehmer an wirtschaftlichen Transaktionen – die Menschen – sich unter diesen Voraussetzungen mathematisch ideal modellieren lassen. Sie hat den Nachteil, dass sie reine Fiktion ist, nichts mit irgendeiner beobachtbaren sozialen Wirklichkeit zu tun hat. Sie ist reine Theologie. Sie benutzt sogar Denkfiguren und Konzepte des Christentums.

Eine jüngere Generation von Ökonomen hat diese Ideen, die von Chicago aus zuerst die akademische Welt eroberten, längst verworfen und ist zu komplexeren Modellen übergegangen, die sich stärker für die sozialen Eigenarten von Individuen und Gruppen interessieren und Zusammenhänge oft weit über bloß wirtschaftliche Aspekte hinausdenken. Doch das Denken der Chicago-Schule hat eine Generation von Betriebswirten geprägt, die während der letzten drei Jahrzehnte in Finanzministerien, Thinktanks, der Weltbank, dem Internationalen Währungsfonds und anderen Institutionen tätig waren. Die Auswirkungen dieses Denkens werden noch lange zu spüren sein.

Um zu begreifen, wie fiktional und absurd die Idee vom rationalen Teilnehmer an ökonomischen Transaktionen ist, der grundsätzlich und nach der besten verfügbaren Information in seinem wirtschaftlichen Eigeninteresse handelt, braucht man nur die Frage zu stellen, wie Kinder und Familien in dieses Modell passen. In ländlichen Gesellschaften sind Kinder Altersversicherung, Arbeitskräfte und soziales Kapital. In modernen Gesellschaften sind sie für ihre Eltern aber eine wirtschaftliche Katastrophe. Sie machen zwei Individuen weniger kompetitiv, ärmer, weniger fähig, Entscheidungen zu treffen, sie lenken sie von ihrer wirtschaftlichen Entwicklung ab und behindern sie im Wettbewerb. Seltsamerweise aber nehmen zahllose Menschen diese fatalen Wettbewerbsnachteile gerne in Kauf.

Es ist meines Wissens nicht dokumentiert, wie Edward Bernays über die neoklassische Chicago School dachte, aber es ist recht einfach zu rekonstruieren, da ihr Menschenbild seinem eigenen diametral entgegengesetzt ist. Der Mensch als rational Handelnder? Der erfolgreiche Werbefachmann hatte ganz andere Erfahrungen gemacht. Wie aber vertragen sich irrationale, manipulierbare Massen mit dem rationalistischen freien Markt?

VERNUNFTMENSCH VERSUS HERDENTIER

Zwei unvereinbare Menschenbilder geistern durch die westliche Vorstellung dessen, was eine Gesellschaft ist. Diese Menschenbilder können zu unterschiedlichen politischen Richtungen und Bewegungen führen, dazu später. Von diesen beiden – dem *Homo oeconomicus* und dem irrationalen Herdentier – ist Letzteres historisch wesentlich robuster.

Die dünne Silhouette des rationalen Menschen zerbrach an der heimtückischen Weigerung der Gesellschaften dieser Welt, nach dem Mauerfall allesamt zum Neuen Jerusalem der liberalen Demokratie zu pilgern und sich einem freien Weltmarkt anzuschließen. Historische Feindschaften, hartnäckige Traditionen, brutale Diktatoren, blutrünstige Ideologien, fundamentalistische Religionen und irrationale Impulse, Dummheit, alternative Sichtweisen und kluge Einsicht in lokale Besonderheiten haben in den letzten Jahrzehnten eine Vielzahl von Modellen und sozialen Visionen geschaffen, und es ist alles andere als sicher, dass liberale Demokratien in diesem Wettbewerb auch nur ihr eigenes Fortbestehen sichern können, von ihren missionarischen Ambitionen ganz zu schweigen.

Homo oeconomicus ist auf dem Gewaltmarsch der Geschichte am Wegrand zurückgelassen worden. Vielleicht rappelt er sich wieder auf, aber es steht schlecht um ihn, sein Puls flattert nur noch schwach. Der unvernünftige und manipulierbare Konsument andererseits hat diesen Marsch von seinem Kinosessel aus verfolgt. Es geht ihm prächtig. Er, der so gerne klagt, kann sich nicht beklagen.

Und trotzdem klagt er, denn es stellt sich heraus, dass sein Leben nicht so ideal ist wie in der Werbung. Was ihm und ihr fehlt, ist nicht die Möglichkeit zu konsumieren – es ist die Möglichkeit, einen Sinn daraus zu generieren.

Wer heute Konsumgesellschaften kritisiert, vergisst leicht, dass sie zwischen 1945 und 1989 auch politisch hervorragend zu funktionieren schienen, dass diejenigen Länder, die ihren Bürgern zu bescheidenem Wohlstand verhelfen konnten, nicht nur ein Wirtschaftswunder erlebten, sondern auch einen nie dagewesenen politischen Konsens. Konsum schaffte damals das, was Lebow für ihn gefordert hatte: Er wurde zum Vehikel der spirituellen Befriedigung.

Für viele Menschen war der Konsum der Nachkriegszeit tatsächlich transformativ. Das Leben wurde besser, ein bescheidener Überfluss erlaubte es, bis dahin unrealisierbare Träume zu verwirklichen. Für Millionen von Familien waren das erste Auto oder die erste Waschmaschine, sicher aber der erste Fernseher historische Momente der gemeinsamen Geschichte, die nicht nur das Ankommen des Wohlstands symbolisierten, sondern auch subtil den Tagesablauf und die Gewohnheiten, Gespräche, Freiheitsgefühle und internen Machtverhältnisse beeinflussten und neu ordneten. Um einen Fernseher herum lebt eine Familie anders als ohne Fernseher.

Der Konsum der Wirtschaftswunder-Jahre war gerade nach den Rationierungen des Krieges tatsächlich ein Ritual, das andere, ältere Rituale von Gemeinschaft und Identität ersetzen konnte – gerade auch, weil er im Vergleich zur offensichtlich desaströsen Planwirtschaft der Sowjetunion auch Freiheit zu symbolisieren schien. Er entwickelte sich zu einem *way of life* und durch das Wachstumsmodell des kapitalistischen Westens, das stetig steigenden Wohlstand und daher ständigen Konsum erforderte, zur patriotischen Pflicht. Als Gegenentwurf zum real existierenden Sozialismus konnte die Marktwirtschaft mit ihren zu Verbrauchern umgedeuteten Bürgern tatsächlich einen kollektiven Sinn erzeugen, indem sie, wie weiland Bernays mit Zigaretten, den Konsum als Akt der Freiheit, des Fortschritts und der Selbstverwirklichung inszenierte. Der steigende Wohlstand aber kann die Sinnstiftung durch Konsum auch schwächen. Das erste Paar Levi's Jeans war ein transformativer Moment für junge Menschen im Nachkriegseuropa. Noch ein Paar Jeans mit etwas anderen Einrissen fürs Frühjahr hat nicht mehr denselben Effekt. Gleichzeitig bedeutet steigende soziale Ungleichheit, dass immer mehr Menschen von dieser kommerziellen Transzendenz ausgeschlossen sind, obwohl sie Jobs haben und hart arbeiten, um zu überleben. Der Motor der Glückseligkeit ist ins Stottern gekommen, Unsicherheit zehrt an einem Menschenbild, das zwei Generationen hindurch all seine Versprechungen zu halten schien. Wir hausen in den verfallenden Strukturen eines Nachkriegstraums.

Seit mehr als einer Generation haben Menschen gelernt, sich als Verbraucher zu begreifen. Sie haben gelernt, dass sie nur eine Pflicht haben: Geld zu verdienen, Kredit zu bekommen, Geld auszugeben. Wer darin versagt, wer diese Rolle nicht ausfüllt, ist aus der Gesellschaft gefallen, ist Almosenempfänger. Wer diese eine Pflicht aber erfüllen kann, hat danach nur noch Rechte. Wenn die Konsumkultur auch nicht mehr all ihre Versprechen hält, so hat sie doch ein Menschenbild geschaffen, das auch dann noch weiterlebt, wenn seine empirische Grundlage zerbröckelt ist.

Es ist wichtig zu betonen, dass es nicht um Parteinahme, sondern um Analyse geht. Konsum hat es schon immer gegeben, aber Konsum als Gesellschaftsmodell und als Lebensvision ist ein Phänomen der Nachkriegszeit. Es ist neu in der Geschichte der Zivilisation, und es hat neue Probleme und Chancen geschaffen. Alles Nachdenken über politische und soziale Entwicklungen muss davon ausgehen, dass die Gesellschaften der westlichen Länder sich selbst umerzählt haben, dass sie nicht dieselben Reflexe und Haltungen haben wie noch vor zwei Generationen.

Der Konsument als Rechteinhaber markiert den Übergang von der Freud'schen Vision dunkler, zerstörerischer Triebe zur Idee von einer rationalen Welt. Kaufkraft erkauft auch Ansprüche und Identität. Marken, *brands*, werden zu Kürzeln für die Art von Mensch, als die man sich fühlt, als die man wahrgenommen werden will, für den Aspekt der kommerziellen Transzendenz, an dem man teilhaben will. Das Lebensgefühl von Konsumenten drückt sich als *brand identity* aus. (Die Ironie dabei ist, dass nur wenige Menschen an Etymologie und Metaphern interessiert sind. Denn Vieh wird nicht gebrandmarkt, um individuelle Identität und Status auszudrücken, sondern um es als Besitz des Markeninhabers kenntlich zu machen. Im Tierreich sind nicht viele Rindviecher stolz auf ihren *brand*. Frei sind sie nur, wenn sie noch von keinem glühenden Eisen gesengt wurden.)

Konsumenten haben ein Recht darauf, fast jedes Gelüst zu befriedigen, das sie finanzieren können. Sie haben gezahlt, jetzt sind sie dran. Sie haben Anspruch auf pünktliche und vollständige Lieferung, auf Ersatz und Reparatur. Sie haben Anspruch auf Respekt, auf Entscheidungsfreiheit, auf Schutz und Sicherheit, auf ein Lächeln, auf guten Service, auf die Verwirklichung ihrer persönlichen Glücksvorstellung. Ihre Kreditkarte verschafft ihnen so Anspruch auf all das, was in anderen Kontexten als Menschenrechte beschrieben wird. Sie verschafft ihnen ein Leben in Würde und Freiheit, den ganz eigenen *pursuit of happiness*.

Diese auf Kreditwürdigkeit beruhende Parodie aufgeklärter Ideale konstruiert Individuen als Kunden und absolute Rechteinhaber auf dem Markt, der sich dort etabliert hat, wo vorher einmal Gesellschaft war. Diese Position ist privilegiert, aber auch einsam. Vielleicht hat der Kunde immer recht, aber er ist damit allein. Die Kälte des aufgeklärten Rationalismus fährt ihm in die Knochen.

THEOLOGIE DES EINKAUFENS

An diesem Punkt setzt der religiöse, transformative Aspekt des Konsums ein, den schon seine intellektuellen Gründerväter deutlich verstanden haben. Eine Gesellschaft, die als Markt neu erfunden wird, mag weniger nationalistisch, weniger kriegerisch und pragmatischer sein als ihre durchideologisierten, bluttriefenden Vorgänger, sie hat aber große Schwierigkeiten damit, eine gemeinschaftliche Identität und eine Art verbindlicher Transzendenz anzubieten, die jede Gesellschaft braucht, um zu überleben. Sie hat keinen Gott, kein Paradies der Arbeiter und Bauern, keinen Nationalstolz, keine Geschichte.

Sie hat nichts von alledem – aber sie kann sich frei aus diesem Repertoire bedienen, sie kann dessen Inhalte zu einer Geschichte verspinnen, die den Konsumenten anbietet, was sie als Bürger verloren haben. Zentral dabei ist die taktvolle Plünderung der christlichen Ikonografie, insbesondere der Symbolik des Abendmahls. Es geht nicht um den Erwerb von Gebrauchsgegenständen oder Dienstleistungen, sondern um Transformation, um Teilhabe an der Gnade und den Erwerb von Identität.

Wie eine Reliquie bietet ein zum Verkauf stehendes Objekt die Möglichkeit der Transzendenz, des Zugangs zu einem besseren Jenseits, der Fürbitte vor dem höchsten Thron im Himmel der Schlanken, der Jungen, der Schönen, der Coolen. Wie von Bernays vorausgesehen, definieren sich Objekte über die

Gefühle und Träume, die durch gelenkte Assoziationen mit ihnen verbunden werden.

Man kann sich einkaufen in diese Träume, Teil werden von ihnen, von etwas Größerem, sei es die legendäre Eleganz von Coco Chanel in einer Flasche Eau de Parfum oder das proletarische Heldentum eines Fußballstars, dessen Name und Nummer auch den eigenen Rücken zieren, als magische Anrufung, als stolze Erklärung der Zugehörigkeit zu einem Stamm. Objekte werden physische Boten einer höheren Wirklichkeit.

Die Kirche hatte diese Techniken längst vor den PR-Spezialisten perfektioniert: die Dramatisierung der Transsubstantiation, bei der sich ein Stück Weißbrot in den Leib des lebendigen Gottes verwandelt, die blendende Ästhetisierung der Angst, das Spiel mit der sexuellen Spannung (vom allzu schönen Leiden des vielfach von Pfeilen penetrierten heiligen Sebastian bis zur lustvoll-spirituellen Hingabe der heiligen Katharina), das Schaffen eines unerreichbaren Jenseits, im Vergleich zu dem der oder die einzelne Gläubige immer ungenügend, immer schuldig ist, immer größere Anstrengungen unternehmen muss, um an der Ewigkeit teilhaben zu dürfen. Das psychologische Vokabular der Frömmigkeit mit ihren Ritualen und Heiligenstatuen, Reliquien, Verwandlungen, Überhöhungen, ihrer allgegenwärtigen Kontrolle des Begehrens und ihrer ständigen Präsenz im Alltag musste nur noch auf einen kommerziellen Kontext übertragen werden.

Es ist faszinierend, dass Konsum als Lebensmodell einerseits so radikal neu ist und andererseits den ältesten kulturellen Reflex von Homo sapiens nutzt: die Sehnsucht nach Sinn und Zugehörigkeit. Neu und befreiend ist, dass dieses Dazugehören nicht mehr von der Hautfarbe abhängt, vom Geschlecht oder der sexuellen Orientierung, von der Familie, der Religion, der Herkunft. Wer Geld hat, wer Kredit bekommt, ist potenzieller Teilhaber an einem Jenseits, dessen irdische Repräsentanten Träume in Dinge verwandeln. Uralt und repressiv ist, dass Zugehörigkeit immer auch Ausschluss bedeutet und dass die Versprechen der Konsumgesellschaft immer nur für diejenigen galten, die an der Messe teilnehmen wollten und konnten. Wer kein Geld hat oder ausgeben will, wem die Produkte der Traumfabrik zu langweilig sind, ist kein Mitglied der Gemeinde und kann niemals zu den Erwählten gehören. Die Idee der Erwählung ist überraschend wesentlich. Sie stellt sozusagen den protestantischen Beitrag zur großen Umerzählung des westlichen Menschen vom Untertan zum Bürger und zum Konsumenten dar. Max Webers Idee der Arbeitsethik wird uns später noch beschäftigen. Die Idee der Tugend in einem von Konsumenten bevölkerten Markt aber stammt von einem Theologen.

Jean Calvin (1509–1564) brachte seine freudlose Interpretation des Christentums nach Genf, wo frivole Kleidung, Tanzen und Theater schon bald verboten wurden. Ein wichtiger Teil seiner Theologie war die Prädestinationslehre, die sich aus einem alten Problem ergab: Wenn Menschen sich durch gute Werke und einen vorbildlichen Lebenswandel einen Platz im Himmel sichern können, dann ist ihre Aufnahme kein freier Akt des Schöpfers mehr, sondern die automatische Folge ihres Handelns. Der Allmächtige ist nicht mehr allmächtig, wenn er nicht selbst entscheidet. Calvin lehrte, dass es hoffärtig sei anzunehmen, der schwache Mensch könne Gott zu etwas zwingen. Tatsächlich wählt Gott die Seelen derer, die er retten will, schon von vornherein aus, und nichts, was Individuen tun oder unterlassen, kann Gottes Ratschluss ändern. Um aber sein Wohlgefallen zu manifestieren, verleiht er den von ihm zum ewigen Leben Erwählten Wohlstand als Zeichen seiner Gnade. Diesen Reichtum allerdings zeigt man nicht – es wäre unbescheiden, auf das eigene Erwähltsein hinzuweisen. Stolz ist schließlich eine Sünde.

Hierin liegt der Keim für die gesamte Moralvorstellung einer Gesellschaft, die Reichtum mit Tugend gleichsetzt und im Umkehrschluss Armut mit Laster. Wer arm ist, ist ohnehin ausgeschlossen von Gottes Wohlgefallen. Jeder Mensch ist da, wo er ist, weil er es verdient. Eine Neuordnung der Gesellschaft wäre nicht nur gegen die Gesetze des Marktes, sondern gegen den Willen seines Schöpfers.

Hier verlangt die kommerzielle Seligkeit ihren Preis: die Angst vor dem Absturz. Die Teilnahme an der hohen Messe hängt von der eigenen Tugendhaftigkeit ab, alle passen sowieso nicht in die Kirche, und die besten Plätze, direkt beim Altar, sind für die Gemeindeältesten reserviert. Konsum bietet die Teilnahme an kommerziellen Träumen, aber wer zurückfällt, wird nach außen abgedrängt. Die Heiligen der Kirche spornten die Gläubigen dazu an, zu fasten, zu verzichten, zu beichten, sich selbst als ungenügend und unwürdig anzusehen. Die Heiligen auf Bildschirmen und anderen Advertising-Ikonostasen geißeln ihre Gemeinde mit derselben Botschaft. Man kann niemals reich genug, cool genug, schlank genug, jung genug sein. Um an der Kommunion teilnehmen zu können, müssen die frömmsten Konsumenten hart an sich arbeiten und sich andauernd mit Bildern vergleichen, die in ihrer Photoshop-Perfektion unerreichbar sind.

Die oft widersprüchlichen Konstellationen von aufgeklärtem, auf starken Rechten beruhendem Rationalismus und religiösem Ritual bestimmen den Konsum als persönlichen und als sozialen Akt. Für die Vordenker der Aufklärung wäre dieses Fazit wohl ein Albtraum gewesen, die Verzerrung ihrer emanzipatorischen Ideale bis in ihr Gegenteil. Sie (und nach ihnen die Sozialisten) hatten davon geträumt, die Massen aus Unterdrückung und Ignoranz zu befreien, ihnen Zugang zu Bildung und Freiheit in der eigenen Entscheidungsfindung zu ermöglichen, Kants berühmten »Ausgang aus der selbstverschuldeten Unmündigkeit«. Die emanzipierten Massen schüttelten ihren Befreiern warm die Hand, nahmen ein Bier aus dem Kühlschrank, setzten sich aufs Sofa und schalteten den Fernseher ein.

DIE VERDREHTE AUFKLÄRUNG

Ist die Aufklärung an der Erfindung des Konsumenten und damit am freien Markt gescheitert? Braucht der Markt eine ganz eigene Aufklärung, ausgehend von der Frage, wie das Verhältnis zwischen individuellem Fortkommen und Gemeinwohl sich entwickeln soll und ob der Markt Teil einer offenen Gesellschaft ist oder, wie Polanyi meinte, die Gesellschaft längst zum bloßen Anhängsel des Marktes verkümmert ist?

Sicher ist: Es war schon im 17. Jahrhundert übertrieben optimistisch anzunehmen, dass Menschen allgemein rational und frei handeln, entscheiden und leben können oder sogar wollen, und diese Annahme ist seitdem nicht realistischer geworden. Homo sapiens ist konstruiert wie andere Primaten auch, mit winzigen, aber strategisch entscheidenden Unterschieden. Weniger als ein Prozent DNA unterscheidet den Menschen vom Schimpansen. In diesem einen Prozent verstecken sich die Fähigkeit zum symbolischen Denken, zum Leben in großen, komplexen Gemeinschaften und zum Artikulieren von abstrakten Konzepten. Was aber Prioritäten, Ängste, Aggressionen, Begehren, Verbote, Eifersucht und Hierarchien betrifft, teilen wir wesentlich mehr mit anderen Primaten, als uns von ihnen trennt – und sicherlich mehr, als uns lieb ist.

Der moralisch gefärbten Aufklärung Immanuel Kants entstammt das Bild des Menschen als einer frustrierenden, »selbstverschuldet« unmündigen Kreatur, die zum Licht der Vernunft finden und sich von allen primitiven Anhaftungen reinigen kann, um ganz moralisch und ganz geistig zu werden. Es ist durchaus naheliegend und richtig, in dieser Konzeption ein Echo der protestantischen Erziehung zu sehen, die der junge Immanuel als Sohn eines pietistischen Sattlers genossen hatte. Selbstverschuldet ist die Unmündigkeit deshalb, weil ein Erwachsener die Pflicht hat, das volle Potenzial seiner Ratio zu realisieren und sich von Aberglauben und Unwissenheit zu emanzipieren, um ganz seiner Vernunft zu leben. Diese aufklärerische Vernunft ist die säkularisierte Version der Seele, die sich von der Schlacke des Körpers befreien muss, um gereinigt in den Himmel aufzusteigen.

Der kantische Vernunftmensch und der rationale Akteur im freien Markt haben eine gewisse Familienähnlichkeit. Beide sind Interpretationen der christlichen Seele; beide sind letztendlich nicht logischen oder biologischen, sondern theologischen Ursprungs. Keine von ihnen spricht von dem symbolisch denkenden Primaten, der enorm unter Druck gerät, wenn er die evolutionäre Erfahrung von Jahrtausenden innerhalb von wenigen Generationen über Bord werfen soll, um sich neu zu erfinden oder erfinden zu lassen. Darin liegt eine wunderbare Ironie. Die Spielarten der Seele sind Ausdruck des symbolischen Denkens, wie auch die Idee der Seele selbst ein früher Versuch ist, das Leben und die Natur zu erklären. Sie entspringen einer existenziellen Realität, beschreiben sie aber nicht.

Ein Konsument ist eine komplexe Kreatur – komplex, weil sich in ihr der rationale Markt als Schatten der Aufklärung und die irrationale Transzendenz als Schatten der Religion vermischen; Kreatur, weil er oder sie bewusst als Antwort auf die fossil befeuerte Massenproduktion geschaffen wurde. Konsumenten sind somit ein Aspekt der Produktionskette, die über viele Umwege aus natürlichen Rohstoffen Profite erwirtschaftet. Es ist ein Geschäft, an dem beide Seiten interessiert sind: Konsumenten generieren Profite, die Produktionskette generiert Stammesidentitäten und Traumbilder für die durch den unaufhaltsamen technologischen Fortschritt entwurzelten Städter, die sich dauernd anpassen, optimieren und neu erfinden müssen, um Schritt zu halten. Die kommerzielle Transzendenz ist der Fels in der Brandung des Marktes.

Diese Umerzählung des Menschen, die in den USA begann und sich nach 1945 auch in anderen, liberalen Demokratien durchsetzte, hat erstaunliche Konsequenzen gehabt. Individuen denken und handeln anders, je nachdem, ob sie als Verbraucher oder als Bürger angesprochen werden. Sie beantworten sogar dieselben Fragen unterschiedlich, je nachdem, ob sie in einem Verbraucher-Survey oder einer Bürger-Umfrage gestellt werden. Als Verbraucher sind sie beispielsweise sorgloser, was die Umweltfolgen ihres Konsums betrifft, auch wenn sie als Bürger Konsum als problematisch betrachten. Wichtig ist, wie Menschen sich selbst sehen. Wichtig ist, welche Geschichte sie über sich selbst erzählen.

Der Psychiater Paul Verhaeghe zieht Verbindungen zwischen der Umerzählung von Menschen zu Verbrauchern und den psychologischen Störungen, die er in seiner klinischen Praxis behandelt. Insgesamt gibt es demnach wesentlich weniger Fälle von schuldbeladenen Zwangsstörungen, wie Freud sie am Anfang des 20. Jahrhunderts beschrieben hatte. Dafür beobachtet Verhaeghe wesentlich mehr Psychosen, Verhaltensauffälligkeiten und narzisstische Störungen von Patienten, die sich zwischen den Anforderungen der Gesellschaft und den endlos affirmativen Botschaften des Marktes zerrissen fühlen.

Ein Grundproblem, so schreibt er in seiner Studie *Und ich?*, ist die Botschaft:»Jeder kann vollkommen sein, jeder kann alles haben« – vorausgesetzt, dass man wirklich an sich glaubt, denn Glauben kann bekanntlich Berge versetzen.

So teilt sich eine soziale Welt in Gewinner und Verlierer und macht gleichzeitig jeden zum Verlierer, jeder ist schuldig, wenn er es nicht schafft, perfekt zu sein und alles zu bekommen, wovon er immer geträumt hat. Jede Verbraucherin, jeder Verbraucher ist ein kleiner Gott, ein tyrannisches Kind mit Kreditkarte – und gleichzeitig der Beweis dafür, dass man an seinen eigenen Träumen nur scheitern kann, ein Scheitern, das sich wiederum nur durch Konsum kaschieren lässt.

Kann es wirklich so einfach sein – John F. Kennedys berühmte Aufforderung:»Fragt nicht, was euer Land für euch tun kann – fragt, was ihr für euer Land tun könnt« als Gegenbild zu»Geiz ist geil« und psychologischer Krankheit?

So einfach ist es nicht – so einfach ist es nie. Für sehr viele Menschen war Kennedys Amerika ein Gefängnis und Persönlichkeitsstörungen haben komplexe Ursachen. Auch heute sind Menschen Teil von Gemeinschaften, auch heute engagieren sie sich in Vereinen und in der Nachbarschaft, helfen in der Familie und setzen sich für Dinge ein, die ihnen wichtig sind, ohne daran zu verdienen. Auch die reichen Länder sind keine moralischen Wüsten, in denen die Menschen den Preis von allem kennen und von nichts den Wert.

Und doch hat das Narrativ vom Konsumenten, das seinen Ursprung in einem freudianisch-pessimistischen Menschenbild und im Trauma zweier Kriege hatte, tiefe Spuren hinterlassen. Ein Teil dieser Spuren hat sich in den Alltag der reichen Gesellschaften eingegraben und übt eine subtile Macht aus.

In den letzten 30 Jahren haben sich die durchschnittlichen Schulden von Haushalten in den USA und Großbritannien verdreifacht, hauptsächlich, um Konsum zu finanzieren. Marken definieren Identitäten, und Haushalte heute enthalten ein Vielfaches mehr an Objekten als noch vor wenigen Jahrzehnten, verbrauchen wesentlich mehr Energie und produzieren ein Vielfaches an Müll.

Für Haushalte in den USA, die im internationalen Vergleich bei weitem am meisten verbrauchen, sind die Zahlen atemberaubend. US-Bürger stellen etwa fünf Prozent der Weltbevölkerung, verbrauchen aber 18 Prozent der Energie und produzieren 30 Prozent des Abfalls, von dem nur etwa zwei Prozent recycelt werden. So landet auf den Mülldeponien beispielsweise genug Aluminium, um alle drei Monate die gesamte kommerzielle Luftfahrtflotte neu zu bauen (all die schönen Cola-Dosen …), und jedes Jahr genug Stahl, um ganz Manhattan neu zu errichten, und genug Holz, um fünf Millionen Häuser 200 Jahre lang zu heizen. Jedes Jahr werfen amerikanische Haushalte, Supermärkte und Produzenten zwölf Millionen Tonnen Nahrungsmittel weg, ein Großteil davon noch genießbar. Europäische Haushalte verbrauchen etwa halb so viel Strom, aber auch dort wandern mehr als 100 Kilo essbare Nahrungsmittel pro Person pro Jahr in den Müll. Nur etwa 30 Prozent des Gemüses und der Früchte, die für sie produziert werden, erreichen die Teller von Menschen in der reichen Welt, der Rest wird als beschädigt oder optisch nicht perfekt aussortiert und meistens weggeworfen.

Während niemand *nur* Konsument ist, sind doch alle *auch* Konsumenten und werden dazu ermutigt, sich selbst als Konsumenten zu begreifen: als Individuen, die ein Recht auf die Erfüllung all ihrer Wünsche haben, ein Recht, ihr persönliches Glück durch Konsumentscheidungen zu schaffen. Das ist vor allem ein standardisierter, als individuell verkaufter Traum, der die Interessen anderer als entweder irrelevant oder als konkurrierend wahrnimmt. Die Gemeinschaft, der sich Menschen als Konsumenten verpflichtet fühlen, besteht nicht aus denen, mit denen sie zufällig eine Stadt oder ein Land teilen, sondern aus denen, die denselben kommerziellen Traum träumen, die demselben Stamm angehören.

■

So unterschiedlich sie auf den ersten Blick auch aussehen mögen: Die Erderwärmung, die Digitalisierung und die Umerzählung von Menschen zu Verbrauchern sind Produkte der industriellen Revolution, der Massenproduktion, des Erdöl-Zeitalters. Alle drei haben neue Voraussetzungen für den Erfolg und das Versagen von Gesellschaften geschaffen. Der Umgang mit allen dreien wird entscheidend dafür sein, ob und inwiefern die kommenden Veränderungen katastrophal sein werden oder auch Chancen bieten, sie nicht nur zu erleiden, sondern zu gestalten und zu nutzen.

Klimawandel und Digitalisierung sind die Energien, die auch die reichen Gesellschaften zwingen werden, sich neuen Umständen anzupassen oder an ihnen zu zerbrechen. Aber historische Prozesse sind nicht nur ein Produkt äußerer Bedingungen – sie werden von kulturellen Kontexten geprägt, in denen die gleichen Ursachen sehr unterschiedliche Auswirkungen haben können. Der globale Siegeszug der linken Totalitarismen illustriert das sehr schön. Er zeigt, wie eine historisch und kulturell klar verortete und formulierte Idee – die Wirtschafts- und Kulturkritik von Karl Marx – innerhalb weniger Jahrzehnte an verschiedenen Orten zu völlig unterschiedlichen Regimen uminterpretiert wurde, von denen jedes mindestens so viel mit seinen historischen Vorgängerregimen gemein hatte wie mit den Ideen von Marx. Der russische Zarismus, die bürokratischen Hierarchien des chinesischen Kaiserreichs, die deutsche Beamtenregierung und das pragmatischere Erbe der habsburgischen Doppelmonarchie in Osteuropa prägten sehr unterschiedliche sozialistische Gesellschaften.

Wie globale Gesellschaften mit den Transformationen der beiden nächsten Jahrzehnte umgehen werden, und ob ihre Strukturen diesen Prozess überstehen können, wird ebenfalls von kulturellen Faktoren abhängen, aber mehr als je zuvor gibt es auch eine globale Kultur, die ein bestimmtes Menschenbild begünstigt, ganz so, wie der Sozialismus ein Menschenbild propagierte, und sicherlich ähnlich dogmatisch. Der Vernunftmensch der Aufklärung und Freuds Psyche der unerlösten Instinkte sind zu einer paradoxen Kreatur geworden, dem Golem der Massenproduktion, dem Verbraucher.

Wie reagieren Menschen, denen ein Dauerregen an Bildern und Botschaften, an Produkten und Werbung über Jahrzehnte eingeredet hat, dass sie der Nabel der Welt sind, dass nur ihre Wünsche zählen, dass sie jedes Recht haben, dass alles davon abhängt, ob sie gerade Lust haben, wie reagieren solche Menschen auf eine historische Herausforderung von historischen Ausmaßen, eine Weichenstellung, deren Folgen noch über Jahrhunderte spürbar sein werden? Was passiert in einer Demokratie, wenn zu viele Leute einfach keinen Bock haben auf Veränderung? Was passiert, wenn zu wenig Zeit bleibt, um sie umzustimmen?

Was passiert, wenn Gesellschaften, die Zukunft vermeiden wollen, die nur wollen, dass die Gegenwart nie aufhört, und deren politische Allianzen auf Statuserhalt ausgerichtet sind, auf die mächtigste Stromschnelle der Geschichte treffen?

DIE GESPALTENE ZUKUNFT

DIE RÜCKKEHR DER GESCHICHTE

Jeder Zusammenbruch bringt intellektuelle und
moralische Unordnung. Pessimismus der Intelligenz und
Optimismus des Willens.

ANTONIO GRAMSCI

Die Zukunft spaltete sich vor einem Jahrzehnt, plötzlich und
ohne Vorwarnung. Menschen auf der ganzen Welt wurde
2008 mitgeteilt, dass die großen Banken, denen alle etwas
schulden und denen gegenüber alle Zahlungsverpflichtungen
haben, sich verzockt hatten – hoffnungslos, verantwortungslos
und unvorstellbar, amoralisch und dumm. Und dann wurde
ihnen mitgeteilt, diese Institutionen seien einfach zu groß,
um zu scheitern, man müsse ihnen gemeinsam erwirtschaf-
tetes Geld geben, um ihnen über ihre Schwierigkeiten hin-
wegzuhelfen und so das ganze System vor dem Kollaps zu
retten. Millionen von Menschen verloren ihr Haus, ihren Job,
ihre Zukunft. Kaum ein Banker ging ins Gefängnis, und innerhalb weniger Jahre waren die Profite und Boni höher als je
zuvor.

Wir kennen diese Geschichte, aber wir unterschätzen ihre
emotionale und moralische Wucht, ihren donnernden Nach-
hall. Der alte Gesellschaftsvertrag, der für alle Menschen galt –
wenn du hart arbeitest und dein Bestes gibst, dann kannst
du dir etwas erwirtschaften, kannst dir ein kleines Haus, eine
Waschmaschine und ein Auto kaufen und in deine Kinder

investieren –, war umgeschrieben worden. Er hieß jetzt: Egal, wie sehr du dich bemühst, wie viel du studierst, wie lange du schuftest, wie hoch du dich verschuldest – das System arbeitet nicht für dich, du bist ihm gleichgültig, es macht nur die Sieger unermesslich reich und unantastbar, eine Spezies, die nach ihren eigenen Gesetzen lebt. Die anderen, durch Schulden versklavt, von den Medien abgelenkt, von Drogen betäubt oder von einer hartnäckigen Hoffnung benebelt, werden zusehends ärmer, abhängiger, ängstlicher. Du wirst immer zu ihnen gehören. Es gibt kein Entkommen.

So begannen Millionen von Menschen zu denken, und sie hatten Recht. Für sie war die Finanzkrise 2008 die letzte Bestätigung, dass es egal war, wie sehr man versuchte voranzukommen, dass die da oben es sich immer richten würden, auf Kosten von denen da unten, dass die Profite des immer noch robusten Wirtschaftswachstums nur der Finanzwelt zugute kamen, die Verluste aber sozialisiert, von allen getragen wurden.

Dieser Zusammenbruch kam nicht einmal 20 Jahre, nachdem dem Kapitalismus und den liberalen Demokratien, in denen er gedieh, Glück und Unsterblichkeit vorausgesagt wurden. Mit dem Mauerfall 1989 waren sich viele westliche Beobachter sicher, dass nicht nur der Kommunismus, sondern jede Alternative zur Marktgesellschaft gestorben war. Ein junger Akademiker, Francis Fukuyama, schrieb ein Buch mit dem wunderbaren Titel *The End of History and the Last Man*, in dem er behauptete, von nun an sei die Geschichte als politische, hegelianische Geschichte vorbei, es gebe nur noch Ereignisse und Transaktionen zwischen Märkten. Fukuyamas Buch ist klüger, als seine Kritiker meinten, und auch das Ende der Geschichte war für ihn keine positive Vision: Er zeichnete das Bild einer von Technokraten und Zahlen regierten Welt, in der Ideen und Kultur nichts mehr gelten.

Die gespaltene Zukunft kommt also aus einer scheinbar einigen Gegenwart, die unaufhaltsam einer immer perfekteren Zukunft entgegenstrebte. Es ist nicht schwer, hinter diesem Gedanken nicht nur die Heilsgeschichte des Christentums und die Geschichtsphilosophie Georg Wilhelm Friedrich Hegels, sondern auch den Fortschrittsfetisch des 19. Jahrhunderts zu erkennen.

Die christliche Bibel lehrte, dass die Menschheit nach der Vertreibung aus dem Paradies und der Kreuzigung Jesu gewissermaßen warten musste, bis Gott sie mit dem Jüngsten Gericht nicht nur richten, sondern auch endlich zu sich holen würde. Die Geschichte bewegte sich also pfeilartig in die Zukunft, an deren Ende die Erlösung stand. Hegel übersetzte diese Tradition in einen säkularen Kontext. Der Weltgeist, schrieb er, treibt die Geschichte voran, indem die Geister der einzelnen Kulturen miteinander kämpfen und in diesem Kampf einander nicht nur bereichern, sondern auch verändern und schließlich aufheben. Am Ende dieses langen, dialektischen Prozesses steht die Selbstverwirklichung des Weltgeistes in einer Apotheose der Geschichte, die für den Philosophen wie durch Zufall fast deckungsgleich war mit den Idealen des norddeutschen Protestantismus. Auch Philosophie kann trotz großer Gesten atemberaubend provinziell sein.

Diese progressive Tradition des historischen Denkens wurde von jungen Wilden wie Karl Marx übernommen und zu einem Geschichtsbild geformt, in dem der Fortschritt zentral ist und alle historischen Hindernisse überwunden werden können. Im 19. Jahrhundert war dieser Gedanke mehr als verständlich: Wissenschaft und Industrie schienen täglich neue Wunder zu vollbringen, und im Laufe der Jahrzehnte wurden Armut und Krankheiten immer weiter zurückgedrängt. Es schien, als sei die Zivilisation tatsächlich imstande, ein Neues

Jerusalem zu bauen und Hunger, Armut, Unwissenheit und Krieg völlig auszurotten.

Es ist heute schwer nachzuvollziehen, von welchem Optimismus viele Menschen in den westlichen Ländern vor 1914 getragen waren. Alles schien lösbar, alles schien möglich, die Kraft der Zivilisation schien unbegrenzt. Hegel und Christentum vermischten sich in dem Glauben, die Kolonialreiche Europas agierten in höchster Mission und die Bekehrung der Heiden und ihre wirtschaftliche Ausbeutung seien die Erfüllung des göttlichen Willens. Das war die Energie, von der die jungen Männer befeuert wurden, sich freiwillig zu melden – auch wenn dieser Gedanke ihren weniger zukunftsgläubigen Urenkeln heute pervers und unverständlich scheint.

Das Neue Jerusalem ist nicht gebaut worden. Zwar hat sich das Leben für die meisten Menschen der Erde materiell auch weiterhin verbessert, aber im Zuge dieses Fortschritts ist eine zerstörerische Dynamik entstanden, die alle Errungenschaften wieder zunichte zu machen droht.

1989 schien Hegels finaler Sieg zu markieren, das Ende der Geschichte. Die große Schlacht der Ideologien war geschlagen, Faschismus und Kommunismus lagen im Staub, der Kapitalismus rückte seine Lorbeeren auf der Stirn zurecht. Nichts stand der globalen Siegesparade im Wege. Von nun an waren Demokratie und freie Märkte Exportartikel der westlichen Welt, insbesondere der Vereinigten Staaten, die sich den messianischen Mantel um die Schultern hängten und ihre historische Mission gewinnbringend mit der Erschließung neuer Märkte und der Sicherung von Rohstoffvorkommen verbinden konnten.

Der erste Exportversuch, in den Irak, war kein Erfolg. Trotz enormer Investitionen, jahrelanger Armeepräsenz und einer zweiten Armee von Beratern und Experten wurde nicht nur das destabilisierte Land selbst, sondern die gesamte Region in einen Kreislauf von Chaos und Gewalt gestürzt. Andere Versuche waren subtiler, verbanden Entwicklungshilfe und Kredite mit marktwirtschaftlichen Reformen, Privatisierungen und internationalem Wettbewerb. Sie wollten nicht nur satte Profite machen, sondern auch das Evangelium der liberalen Demokratie verbreiten. Durch die erzwungene Öffnung der Märkte in Schwellenländern wurden lokale Strukturen zerstört, globale Investoren schufen de facto neue Kolonialreiche, die, ganz wie im 17. Jahrhundert, von gigantischen Unternehmen geführt wurden. Sie zerstörten lokale Märkte und Lebensformen, verbreiteten wirtschaftliche Unsicherheit und erzeugten ein Gefühl der kulturellen Demütigung.

Wie die alten Kolonialreiche setzte dieser neue, wirtschaftliche Kolonialismus die Praxis fort, das Wirtschaftswachstum des Westens durch Ausbeutung von fossilen Energiequellen, natürlichen Ressourcen und billiger menschlicher Arbeit auf anderen Kontinenten voranzutreiben. Jeder Staat ist zuerst einmal ein Markt, in den expandiert werden kann, vorausgesetzt, er ist politisch stabil genug, um Investitionen zu rechtfertigen. Oft sorgen Diktatoren effektiver für diese Stabilität als zerbrechliche Demokratien. So werden Tyrannen zu Satrapen eines informellen Kolonialreichs, das mittels Wirtschaftsabkommen und Entwicklungshilfe regiert wird.

Wirtschaftswachstum, das auf Ausbeutung beruht – dieses Geschäftsmodell ist längst an seine Grenzen gelangt. Der Planet, auf dessen äußerster Kruste wir unsere Existenz bestreiten, scheint nicht mehr willens zu sein, unsere Kapriolen zu ertragen. Smartphones und Internet haben Informationen, Gerüchte und Propaganda globalisiert, riesige Menschenströme sind auf der Flucht vor dem Tod oder auf der Suche nach einem Leben. In den reichen Gesellschaften selbst wird die Arbeit knapper. Das ist nur deswegen noch nicht deutlicher sichtbar, weil noch genug Geld da ist, es zu verbergen.

Arbeitslose werden umdeklariert oder nicht gezählt, aber ihre Zahl wächst stetig, und wer einen neuen Job findet, der weiß, dass der Job morgen weg sein kann, dass es ohnehin nur ein Scheißjob ist, aber besser als gar nichts, besser als rumsitzen, ein Sprungbrett zu etwas anderem vielleicht, zu einem richtigen Job, mit einer Zukunft. Aber auch unter denen, die einen festen Job haben, macht sich Desillusionierung breit. Der Anthropologe David Graeber zitiert eine Studie, wonach etwa ein Drittel der Angestellten in den USA und in Großbritannien selbst meinen, dass ihr Job unnötig ist und nichts Konstruktives zur Gesellschaft beiträgt. Graeber hat ausführlich darüber geschrieben, wie diese »bullshit jobs« sich auf die Psyche derer auswirken, die so arbeiten müssen, obwohl sie längst begriffen haben, dass sie ersetzbar und eigentlich überflüssig sind und dass ihre Tätigkeit weder sie selbst befriedigt noch der Gesellschaft nützt.

Für die meisten Menschen in den reichen Gesellschaften wird es enger. Wer nichts hat, muss nicht verhungern, kommt aber nie wieder auf die Füße. Wer einen Job hat, muss um ihn fürchten. Wir leben in einer Marktwirtschaft. Wir stehen im Wettbewerb miteinander. So wird alles effizienter, billiger. Die Konkurrenz schläft nicht, jeder ist ersetzbar und muss deswegen verfügbar sein, immer erreichbar, flexibel, auf Abruf. Wir leben in einem noch nie dagewesenen Luxus, und doch arbeiten viele länger und härter denn je, denn allen sitzt die Angst im Nacken. Nicht nur all die schönen Spielzeuge, auch das eigene Haus und die Ausbildung der Kinder können morgen weg sein. Die wenigsten Menschen heute sehen ihre Zukunft als gesichert an oder glauben auch nur, dass sie ihnen Gutes bringen wird. Deswegen verweigern sich diese Gesellschaften dem Gedanken an die Zukunft: weil er Verschlechterung bedeutet.

Die Hoffnung ist aus der Gesellschaft verschwunden, und gleichzeitig hat auch der Konsum seinen transformativen Zauber weitgehend verloren. Für eine schrumpfende, aber noch immer wohlhabende Mittelklasse auf beiden Seiten des Atlantiks ist Konsum zwar selbstverständliche Lebensart und akzeptierter Sinn der eigenen sozialen Existenz, aber es wird schwieriger, den transzendentalen Kick zu spüren. Noch ein Fernseher bringt das nicht mehr – es muss schon eine Markenküche sein, mit Granit-Arbeitsflächen, vier verschiedenen Öfen und intelligentem Kühlschrank, alles sauber gehalten von einer diskreten Privatarmee von informellen Dienstboten.

Dieser kleinen, aber einflussreichen Schicht der konsumgestressten Brand-Shopper, Theaterbesucher und Stadtbewohner steht eine wachsende Masse von Arbeitern und Jobbern gegenüber, die zwar Zugang zu billigen Konsumgütern haben, die aber längst begriffen haben, dass sie vom Tellerwäscher-Traum vom Millionärsdasein ausgeschlossen sind, dass sie immer prekär und planlos leben werden, dass es sich nicht lohnt, Pläne zu schmieden, dass das Mädchen von nebenan, das immer lauter Einsen nach Hause brachte, dann auf die Uni ging und sogar einen Doktor machte, heute im neunten Praktikum ist und bald zu alt sein wird, um noch einen Job zu kriegen, und das Panik hat, ob es noch mit Kindern klappt, dabei ist auch ihre letzte Beziehung in die Brüche gegangen, als sie in eine andere Stadt ziehen musste. Ihren Freunden geht es ebenso, denn auch für die Cleveren, die hart arbeiten und nie aufgeben, gibt es kaum noch Jobs. Die Welt ist nicht fair, das System wird von den anderen gesteuert, und dir hilft sowieso niemand.

Welcher rationale Mensch kann angesichts dieser Situation ernsthaft an eine bessere Zukunft glauben? Der Erfolg unserer

Gesellschaften hängt vom Wirtschaftswachstum ab, das nur durch Konsum und unersättlichen, unmoralischen Ressourcenverbrauch überhaupt aufrechtzuerhalten ist, und das bedeutet, dass jede Veränderung eine Verschlechterung sein wird. Irgendwann werden wir wohl etwas tun müssen, aber nicht jetzt, nicht hier und vor allem nicht bei mir. Ich habe hart gearbeitet, um mir das bisschen zu erkämpfen, was ich habe. Das habe ich mir verdient, ich habe dafür kostbare Lebenszeit aufgebracht. Das gebe ich nicht wieder her. Ich kenne meine Rechte.

Wir leben in reaktionären Zeiten, weil viele begriffen haben, dass das gegenwärtige Geschäftsmodell des Westens über kurz oder lang katastrophale Konsequenzen haben wird und bereits hat, weil aber der Gedanke an eine fundamentale Alternative jeder Intuition widerspricht, weil er Verluste androht, Privilegien in Frage stellt. Die wegbröckelnden Jobs und ihre prekärer werdenden Alternativen sind aber auch noch aus einem anderen Grund Anlass zur Rebellion.

In einer Gesellschaft, die Arbeit und Tugendhaftigkeit miteinander gleichsetzt, muss es problematisch sein, wenn viele Menschen keine oder nur triviale und unsichere Arbeit finden, wenn sie zu spüren bekommen, dass ihre Arbeit immer weniger geschätzt und benötigt wird, dass ihre Fähigkeiten und ihre Zeit nicht wertvoll sind. Sie sind die Überzähligen, die mitgeschleppt werden, weil sie nun einmal da sind. Sie haben keine konstruktive Rolle mehr. Nur als Konsumenten werden sie noch angesprochen und heftig umworben, aber niemand braucht Konsumenten ohne Kreditkarten. Nein, niemand muss verhungern, aber viele haben längst keinen Platz mehr, sind höchstens geduldete blinde Passagiere, *dead assets* im Geschäftsplan.

Die Würde der Arbeit – eine seltsam altmodische Idee, die

an wohlmeinende Ausstellungsprojekte und Fotobände in Schwarzweiß erinnert. So wie in den Zeiten des heroischen Sozialismus erträumt, wird diese Würde aber nicht mehr wiederkehren. Wer heute noch mit seiner Muskelkraft arbeitet, ist kein Held der Arbeit, sondern ein Verlierer, dessen einziger Wettbewerbsvorteil darin liegt, dass er so billig ist, dass nicht einmal Maschinen seine Arbeit für weniger Geld machen. Trotzdem, es ist nur eine Frage der Zeit. Die Maschinen kommen, und sie werden gewinnen. Wer heute etwas kann, was nicht ortsgebunden ist, muss wissen, dass irgendjemand im globalen Markt es für weniger machen wird, dass Arbeitgeber zuerst ihren Aktionären verpflichtet sind und dann allen anderen. Es ist schwer, hoffnungsvoll zu sein, wenn Hoffnung dumm erscheint. Es ist schwer, stolz zu sein, wenn die eigene Arbeit und das eigene Leben keinen Wert mehr für die Gesellschaft haben. Dafür ist es einfach und sogar rational, Angst zu haben – und noch einfacher, zornig zu sein. Die meisten Menschen haben (wie übrigens auch andere Primaten) ein gutes Gespür für Fairness. Sie sehen, dass das alte Versprechen der freien, kapitalistischen Gesellschaften, der *American Dream*, nicht mehr funktioniert, dass sie nicht mehr zählen, dass sie Teil eines Systems sind, das gegen sie arbeitet, nachdem sie gelernt hatten, dass ihr Fleiß und ihre Arbeit die Grundlage von Erfolg und Respekt sein sollten.

Die psychologische Situation vieler Menschen in der heutigen Wirtschaft erinnert an die Freiwilligen des Ersten Weltkriegs, die an die Westfront kamen, um für Kaiser und Vaterland zu kämpfen, die Zivilisation zu verteidigen, den Kopf voller Gymnasiasten-Ideale und Nietzsches *Zarathustra* sowie die Bibel im Tornister. Junge Männer wollten im Nahkampf mit dem Bajonett ihre Männlichkeit von der Dekadenz des

Stadtlebens befreien und sich selbst im »Stahlbad« des Schicksals erneuern.

Die Realität an der Westfront sah anders aus. Statt auf dem Schlachtfeld ihre Männlichkeit zu stählen, saßen sie wochenlang in regentriefenden, verschlammten und rattenverseuchten Schützengräben und wurden von hochmoderner Artillerie bombardiert, von Maschinengewehren niedergemäht und von Giftgas blind gemacht. Industrielle Waffen produzierten Tote, gleichgültig, ob jemand mutig war oder feige, Jude oder Christ, Sozialist oder konservativ, Freiwilliger oder nicht. Individuelle Motivationen und Charakter zählten nicht mehr im Angesicht der Mordmaschinen. Sie waren wertlos geworden. Das Feld der Ehre war in Wirklichkeit ein stinkendes Schlammloch.

Das Erlebnis der tödlichen Sinnlosigkeit an der Front wurde für viele Menschen nach 1918 zu einer beispiellosen spirituellen Krise, die auch den Aufstieg des Faschismus begünstigte, weil sich gezeigt hatte, dass Menschen in industriellen und zur Demokratie tendierenden Gesellschaften nichts wert waren, dass Arbeit nur eine anonyme Ressource für anonymes Kapital geworden war und Überzeugungen nicht mit Maschinen konkurrieren konnten. Die messianische Botschaft eines Paradieses der Arbeiter und Bauern, einer besseren Zukunft für alle »Arier«, einer neu erwachenden Zivilisation mit uralten Wurzeln, die zur Größe ihres Ursprungs zurückkehrt – all das waren verführerische Visionen nach dem Erlebnis der absoluten Wertlosigkeit von menschlichen Leibern und Überzeugungen an der Westfront, dem modernsten Ort der Welt, an dem alles massenproduziert, standardisiert, numeriert, austauschbar war.

SCHNELLZUG NACH WEIMAR

Hundert Jahre später ist das Erleben der eigenen Sinnlosigkeit und der kollektiven Zukunftslosigkeit weniger existenziell an ein einziges, katastrophales Ereignis gebunden als das der Veteranen von 1918, aber die Rettung der Banken nach der Finanzkrise 2008 und die eklatante Straflosigkeit der Schuldigen haben die Aufmerksamkeit vieler Menschen dafür geschärft, dass ihr eigenes Leben offensichtlich weniger zählt als das Leben der Zocker und der Politiker, mit denen sie so eng verbunden zu sein scheinen.

In seinem Buch *Höllensturz*, das sich mit der Zwischenkriegszeit auseinandersetzt, beschreibt der britische Historiker Ian Kershaw vier Faktoren, die nach 1918 zum Zusammenbruch der europäischen Demokratien führten:

1. die explosionsartige Ausbreitung eines ethnisch-rassistischen Nationalismus;
2. erbitterte und unversöhnliche territoriale Revisionsforderungen;
3. ein akuter Klassenkonflikt;
4. eine langanhaltende Krise des Kapitalismus.

Man muss nicht lange suchen, um in dieser Vergangenheit unsere Gegenwart zu erkennen. Keine Facette, die sich in dieser Aufzählung nicht spiegeln würde – von den nationalistisch-rassistischen Rechtspopulisten im Weißen Haus bis zur Krim und dem Krieg in der Ostukraine, von der täglich steigenden sozialen Ungleichheit bis zum Crash von 2008 und zur nächsten großen Finanzkrise eines immer weiter deregulierten Marktes.

Der Weg der Geschichte ist nicht vorgezeichnet, aber es

bedarf keiner besonders blühenden Fantasie, um sich ein Szenario mit klaren Pfaden zu einem neuerlichen, katastrophalen Bruch des zivilisierten Lebens und der Menschlichkeit vorzustellen. Wie der Historiker Christopher Clark gezeigt hat, war der Beginn des Ersten Weltkriegs auch nicht das Werk eines dämonischen Genies oder des radikalen Bösen, sondern das Produkt einer Kaskade von Inkompetenz, Misstrauen, Selbstüberschätzung, Missverständnissen und Realitätsverweigerung seitens der Eliten und hysterischer Rhetorik in den Medien. Auch damals sah man nicht, dass der Krieg diesmal anders sein würde, dass technologischer Fortschritt das Wesen des Krieges unwiderruflich verändert hatte, dass aus einem solchen Krieg letztendlich nur Verlierer hervorgehen konnten, weil er auch für die Sieger zu verlustreich sein würde. Gelehrte wie der Russe Jewgenij Iwanow schrieben zwar schon lange vor 1914 darüber, aber das Militär hörte ihnen nicht zu – verständlicherweise, denn diese Analyse ruinierte ihre Geschäftsgrundlage.

Die wirtschaftlichen und politischen Strukturen für eine existenzielle Krise der liberalen Demokratien sind längst geschaffen, und solche Krisen eskalieren nicht, weil Scharlatan X oder Bauernfänger Y gewählt wird oder die Macht ergreift, sondern aus einem systemischen Versagen, aus kollektiver Selbstüberschätzung und Realitätsverweigerung. Erst dann bekommen X und Y ihre Chance, so wie Stalin, Mussolini und Hitler in den zerrütteten Nachkriegsjahren ihre Chance bekamen und ergriffen.

Wer aber heute Angst hat vor Fackelzügen, Uniformen, Stechschritt und Rutenbündeln, kann ruhig schlafen, weil es so etwas nicht mehr geben wird. Eine neue Diktatur, eine neue autoritäre Demokratie hat es gar nicht nötig, sich mit dem visuellen Vokabular der 1930er Jahre zu belasten. Heutige

Diktatoren sehen aus wie Aufsichtsratsvorsitzende. Auch Tyrannen müssen den Fortschritt nutzen, um ihre Macht zu sichern. Heutige Autokraten haben dank Internet und Datenspuren subtilere Methoden, um ihre Bevölkerung in Angst zu versetzen und zu kontrollieren.

Die Weimarer Republik scheiterte, nachdem der Börsenkrach von 1929 und die darauf folgende weltweite Krise der wirtschaftlichen Erholung ganz Europas die Grundlagen entzogen hatten. Dramatisch steigende Arbeitslosigkeit und soziale Ungleichheit, weit verbreitete Armut und immer weniger handlungsfähige Staaten schufen eine Situation, die rasch außer Kontrolle geriet. Leben wir also wieder in einer Weimarer Republik?

Nein. Wir sind zu reich dazu, haben zu starke Institutionen, eine zu aktive Zivilgesellschaft. Trotzdem lässt sich nicht leugnen, dass die Strukturen bedenkliche Ähnlichkeiten aufweisen. Noch puffert ihr Wohlstand die Gesellschaften der reichen Welt ab von einer unkontrollierbaren Spirale des sozialen Elends und der wahnhaften Gewalt, wie sie die Welt in der Zwischenkriegszeit ergriff.

Noch eine Krise wie 2008 aber können wir uns nicht leisten, weder moralisch noch finanziell. Mit der Bankenrettung verloren demokratische Regierungen ihre Legitimität in den Augen vieler Bürger, die begriffen oder zu begreifen meinten, dass hier eine Seilschaft sich selbst versorgte, während sie zahllose einfache, hart arbeitende Leute in den Abgrund stürzen ließ. Diese Krise hat nicht nur finanzielle Reserven nutzlos verbrannt, sondern auch sehr öffentlich und ohne jedes Schamgefühl den Glauben an die fundamentale Gerechtigkeit einer Gesellschaft, die ehrliche Arbeit belohnt und Verbrechen bestraft.

Wenn die liberale Demokratie in den Augen so vieler so dramatisch versagt und so offensichtlich immer weniger imstande ist, die fundamentalen Versprechen des Gesellschaftsvertrags einzuhalten, dann ist es verständlich, dass sich die Menschen nach Alternativen umsehen, die ihnen eher geeignet erscheinen, ihre Interessen zu wahren, und die auch ihrem Selbstbild stärker entsprechen. So hat sich die Zukunft der reichen Welt in einen liberalen und einen autoritären Traum aufgespalten, die beide nicht notwendigerweise demokratisch sind oder Menschenrechte respektieren. Ich nenne diese beiden Träume den Markt und die Festung.

Hinter diesen Bildern stehen keine Ideologien, sondern Haltungen zur Welt, die eine geprägt von einer grundsätzlichen Offenheit (für wen, bleibt zu fragen), die andere vom drängenden Verlangen nach Sicherheit. Längst hat sich gezeigt, dass diese Haltungen das politische System der Nachkriegszeit innerhalb von wenigen Jahren von der Landkarte gewischt haben. Rechts und links, konservativ und progressiv, religiös und säkular − diese Begriffe treffen nur noch unvollständig zu auf die ideologischen Allianzen und Familienähnlichkeiten zwischen unterschiedlichen Formen von Populismus, die sich als das stärkste Idiom der gesellschaftlichen Umbrüche der unmittelbaren Zukunft etablieren.

Politische Debatten und Entscheidungen, aber auch Kämpfe und politische Gewalt geschehen entlang dieser Grenze zwischen dem liberalen und dem autoritären Traum, zwischen dem Markt und der Festung. Arbeitslosigkeit und soziale Hoffnungslosigkeit durch Digitalisierung, völkischer Nationalismus als Rebellion gegen intensivierte Migration im Zuge des Klimawandels und globale Finanzmärkte, deren nächste Krise nur eine Frage der Zeit zu sein scheint, werden eine große, vielleicht sogar zu große Herausforderung für liberale Demokratien und die Durchsetzung von Menschenrechten darstellen.

Ob und wie diese Herausforderung bewältigt oder zumindest überstanden werden kann, wird davon abhängen, wie rasch die Länder und Wirtschaftsräume mit dem größten politischen und ökonomischen Einfluss gemeinsam handeln, wie entschieden sich Zivilgesellschaft und Bürger dafür einsetzen, auf wie viel Konsumenten zu verzichten bereit sind und wie akkurat unsere Klimamodelle sind.

Noch ein anderer Faktor aber wird eine überraschend wichtige Rolle spielen. *Ideas are back.* Während der letzten drei Jahrzehnte wurde jedes größere soziale oder wirtschaftliche Problem an den Markt verwiesen, der jedes Ungleichgewicht wie durch Zauberei wieder ins Lot bringen würde. Der Markt aber hat nichts ins Lot gebracht, und die öffentliche Konversation findet abseits der politischen Strukturen statt, die ihr ganzes Vertrauen in die Kräfte des Marktes gesetzt hatten.

Der liberale Markt hat vielerorts eine immense Ernüchterung produziert. Wer sich diesem liberalen Traum nicht mehr zugehörig fühlt, der flieht in die Festung, die autoritäre Antwort auf die eisige Freiheit des Marktes.

Die längst entbrannte Debatte zwischen dem liberalen und dem autoritären Traum, zwischen Markt und Festung, aber auch innerhalb dieser beiden Lager, findet verstärkt im Internet statt. Ein großer Teil davon ist freilich weniger Debatte als vielmehr eine Kakofonie hysterischer Monologe in hermetisch voneinander abgeschirmten Echokammern.

Jenseits dieser seltsam entleibten, digitalen Gettos brechen Debatten aber immer wieder auf, durch Bücher, Zeitkritiker, Verschwörungstheoretiker, Aktivisten, Journalisten, Ideenfestivals und Initiativen – und immer stärker durch Satiriker, die besonders in den USA zur wichtigsten und verlässlichsten Nachrichtenquelle einer ganzen Generation geworden sind. Auffällig ist, dass an vielen Orten weder die etablierten Medien noch die traditionellen politischen Parteien in diesen Debatten die Meinungsführerschaft innehaben. Die Arena ist längst woanders.

Ideen sind wieder wichtig geworden. Es reicht nicht mehr, auf die blinde Macht des Marktes zu vertrauen. Die Debatte wird auf die Straßen getragen, entscheidet Wahlen, verwandelt sich auf Schlachtfeldern im Nahen Osten genauso wie in sozialen Netzwerken zu Propagandakriegen. Der Markt und die Festung versammeln unterschiedliche ideologische Familien und seltsame Verbündete. Je stärker der Veränderungsdruck wird, umso wichtiger wird es sein, diese beiden Narrative zu verstehen, denn letztendlich bestimmen sie Haltungen, aus denen heraus gehandelt wird.

DER MARKT

GLANZ UND ELEND DES LIBERALEN TRAUMS

Heute gehört der liberale Traum den sogenannten Eliten in den Städten. So hat er sein Leben auch begonnen, auch wenn er nicht immer nur ein Elitenphänomen war. Er hat eine 300-jährige Biografie und entstammt einer distinguierten Familie von Ideen. Auch heute hat er nichts von seiner missionarischen Mitteilsamkeit verloren.

Die Geschichte, die der liberale Traum erzählt, geht etwa wie folgt: Nach Jahrtausenden der religiösen Dogmatik und des Aberglaubens entwickelten mutige Philosophen ein neues Menschenbild. Alle Menschen sind frei und mit gleichen Rechten geboren, alle sind gleich vor dem Gesetz, und die einzigen Kriterien für Wissen sind Fakten und Rationalität. Auf dieser Grundlage können Menschen in Frieden miteinander leben und Fortschritt schaffen (heute heißt das Mantra *innovation and productivity*), der das Leben aller verbessert. Die Erlangung und Verteidigung der Freiheit ist oberstes Ziel von Individuen und Gesellschaften.

Dieses neue Denken, das man als »Aufklärung« bezeichnete, wurde anfangs bekämpft und unterdrückt, konnte sich aber im Laufe von zwei Jahrhunderten durchsetzen. Nach den Philosophen und der Französischen Revolution kamen die Arbeiterbewegung, die Abschaffung der Sklaverei und danach die Dekolonisierung, die Civil-Rights-Aktivisten in den USA, Feministinnen, die Entkriminalisierung der Homosexualität, die Achtung von Minderheiten als Gradmesser der Zivilisiertheit.

Als gutes Kind der Aufklärung sieht der liberale Traum individuelle Rechte und Freiheiten als zentral und unangreifbar an. Menschen sind immer zuerst Individuen. Sie verbinden sich zu Gesellschaften, nicht weil sie eine gemeinsame Vergangenheit haben, sondern gemeinsame Ziele, Werte, Ideale. Für die Gesellschaft am wichtigsten ist die Idee des *rule of law*, der Herrschaft von Gesetzen, der Gewaltenteilung. Andere sind die Gleichheit vor dem Gesetz, die Freiheit, die Unantastbarkeit der Person. Jede und jeder kann theoretisch Teil dieser Gesellschaft werden, wenn sie, wenn er diese Grundregeln akzeptiert, man muss sie nicht einmal glauben.

Die Vision von Menschenrechten und Menschenwürde ist und bleibt universell, auch wenn sie immer wieder Rückschläge hinnehmen muss. Trotzdem wird sie sich behaupten, denn sie ist letztlich im Interesse aller. Sie ist eine Befreiungstheologie ohne Gott, und die Geschichte ist auf ihrer Seite. Es ist der schönste Traum, den die Menschheit jemals geträumt hat, und er hat das Potenzial, alle Menschen zu befreien.

Diese Version des liberalen Traums ist so erhebend, dass man meint, das Orchester im Hintergrund zu hören, während der Chor sich vor seinem Einsatz zu *Freude, schöner Götterfunken* leise räuspert. So viel warmes Bauchgefühl aber schadet der analytischen Tiefenschärfe. Wir wollen den marktorientierten, liberalen Traum deshalb mit den Augen einiger seiner Kritiker betrachten, bevor wir den autoritären Traum, die Festung, in den Worten seiner Verteidiger kennenlernen. Vielleicht lässt die so entstehende analytische Distanz die Attraktivität und die relativen Schwächen dieser beiden Pole unserer ideologischen Landschaft deutlicher hervortreten.

DIE MASKEN DER MACHT

Angesichts der Tatsache, dass dieser liberale Traum nicht allen Menschen gleichermaßen zugute kommt, lässt sich die erste, ironische und häufig in ehemaligen Kolonien angestellte Beobachtung gut nachvollziehen: Wie schön, dass weiße Menschen in reichen Ländern eine Geschichte gefunden haben, durch die sie nicht nur noch reicher wurden, sondern die auch noch beweist, dass sie nicht nur die großen Unterdrücker waren, sondern auch die großen Befreier sind – vorausgesetzt, wir beugen uns, schon wieder, ihren Ideen.

Die reiche und weit verästelte Tradition dieser postkolonialen Kritik der Aufklärung und der westlichen Weltherrschaft ist global und in den Ländern der westlichen Welt nicht hinreichend bekannt. Sie reicht von dem chinesischen Intellektuellen Liang Qichao über Mahatma Gandhi (der die westliche Zivilisation wunderbar treffend mit *»it would be a very good idea«* beschrieb), den aus Martinique stammenden französischen Psychiater und Kulturkritiker Frantz Fanon und den palästinensischen Gelehrten Edward Said bis zu zeitgenössischen Autorinnen und Autoren wie Arundhati Roy und Pankaj Mishra.

Im Zentrum dieser Imperialismuskritik steht die Tatsache, dass der Westen seine eigenen Ideale von universellen Menschenrechten sehr selektiv interpretierte. Einerseits gab ihr universalistischer Anspruch den Kolonialherren in den eigenen Augen das Recht, lokale und gewachsene Strukturen zu zerstören, um westliche Praktiken, Gerichte, Schulen und Transportsysteme einzuführen und die betreffenden Länder militärisch hart zu unterdrücken und wirtschaftlich auszubeuten, andererseits produzierten westliche Gelehrte und Wissenschaftler einen Strom von Publikationen, die mithilfe von

Schädelmessungen und anderen dubiosen Kriterien beweisen sollten, dass der weiße Mann (und es waren wirklich nur Männer gemeint) den Angehörigen anderer Ethnien moralisch, intellektuell und physisch überlegen und seine Herrschaft damit rechtens war. Universelle Menschenrechte konnten nur für vollwertige Menschen gelten, und die gab es eigentlich nur in den wohlhabenden Häusern Europas und seiner Kolonien – schon die eigenen Armen waren häufig ausgeschlossen von dieser Definition.

Andere Kritiken der Aufklärung argumentieren, *mutatis mutandis*, auf ganz ähnliche Weise. Die aufgeklärten Verfechter von Menschenrechten hatten erstaunlich lange kein Problem mit der Sklaverei, mit der Unterdrückung von Frauen et cetera und fanden stets rationale, aufgeklärte Begründungen für ihre unterdrückerische und irrationale Praxis. Aufklärung war letztendlich immer das, was einer bestimmten Elite nützte, eine Waffe beim gesellschaftlichen Aufstieg des Bürgertums, keine zeitlose und universelle Wahrheit, obwohl sie ihren Anspruch darauf begründete, genau das zu sein. Wirklich aufgeklärt ist nur, wer diese Werte auch dann verficht, wenn sie dem eigenen Interesse entgegenstehen.

Diese Kritik der Aufklärung trifft auch den liberalen Traum, weil beide eng verschwistert sind, oder besser gesagt: weil Letzterer direkt aus der Aufklärung hervorgeht. Beide sind Produkte einer neuen Art von Gesellschaft, die im 17. Jahrhundert in Europa entstand, die immer weniger um Landbesitz und Konfession und immer mehr um Märkte, Städte und Kapital herum organisiert war.

Auch im 17. Jahrhundert bot die philosophische Debatte um Rationalität, Freiheit, Menschenrechte, Religion, Ästhetik und Geschichte auch und vor allem ein Forum, um soziale Konflikte in einer im Wandel begriffenen Gesellschaft auszuhan-

deln. Damals war es die aufsteigende Mittelschicht – die Kaufleute, Verwalter, Lehrer, Juristen und Künstler beziehungsweise Handwerker –, die ihren wachsenden Anspruch auf
politische Teilhabe und politische Macht mit den Argumenten
der Aufklärung untermauern konnte. Ihre Angehörigen kamen
nicht aus alter, aristokratischer Familie, sie konnten nur schwer
Gottes Gnade für sich reklamieren (obwohl Calvin letztlich
genau das tat), aber sie konnten die Auffassung vertreten, dass
alle Menschen ein gleiches Recht auf die freie Gestaltung ihres
Lebens haben, dass niemand zum Untertan geboren ist und
deswegen auch niemand zum rechtmäßigen König, dass Macht
in der Gesellschaft geteilt werden muss. Schon im 18. und besonders im 19. Jahrhundert lässt sich
beobachten, wie die Debatten um aufgeklärte Rechte und Frei-
heit sich immer mehr damit beschäftigen, wer aus irgendeinem Grunde von dem an sich universellen Anspruch der
Aufklärung ausgeschlossen werden kann. Da die Rationalität
den Aufklärern das wichtigste und höchste Attribut des Menschen war (wie ihren christlichen Vätern und Großvätern die
Seele, die sie ersetzte), richteten sich diese Ausschluss-Polemi-
ken notwendigerweise gegen die Vernunft, die Intelligenz, die
Selbstkontrolle der Auszuschließenden, seien es Frauen oder
dunkelhäutige Kolonialsubjekte, Arbeiter oder überhaupt »der
Plebs«.

Aus dieser historischen Perspektive betrachtet ist es also
richtig, die Aufklärung von vornherein auch als Machtinstru-
ment einer bestimmten sozialen Schicht zu sehen, einer
Schicht, die im 19. Jahrhundert sehr mächtig wurde und mit
ihren Ideen nicht nur andere soziale Klassen, sondern auch
andere Kulturen und Kontinente infizierte. So gesehen ist die
westliche Behauptung, ihre Ideen seien den anderen nun einmal überlegen und es sei eine historische Notwendigkeit, sie

durchzusetzen, bestenfalls eine historische Ironie und in den meisten Fällen eine zynische Rechtfertigung für die Unterwerfung ganzer Bevölkerungen unter das Diktat von Unternehmen und internationalen Organisationen, unter die angeblichen Zwänge einer Globalisierung, die hauptsächlich dazu dient, die Märkte der sich entwickelnden Welt für die Geschäftsinteressen der reichen Welt zu öffnen.

Der liberale Traum hat zahllose Menschen emanzipiert, aber er hat auch sehr brutal in das Leben vieler Menschen eingegriffen. Wenn die Aufklärung und der liberale Traum eine Welt geschaffen haben, in der reiche Gesellschaften sehenden Auges unersetzliche Naturgegebenheiten zerstören und die Möglichkeit ihrer eigenen Zerstörung in Kauf nehmen, nur um weiter Dividenden auszuschütten und noch mehr Zeug kaufen zu können, dann stimmt etwas nicht mit diesem Traum. Wenn die aufgeklärte Wirtschaft des globalisierten Marktes nicht die Demokratisierung ehemaliger Diktaturen bewirkt hat, sondern hervorragend mit Diktatoren kooperiert, wenn Bürgerkriege mit zahllosen Opfern auch immer attraktive Deals für die Rüstungsindustrie bedeuten, wenn immer mehr seiner Produktivität in immer weniger Händen konzentriert ist, dann klaffen zumindest Anspruch und Realität weiter auseinander, als es erträglich ist.

Der liberale Traum ist nicht nur schön, er ist auch kompromittiert. Ein bisschen wie Oscar Wildes Antiheld Dorian Gray konnte er nur deshalb so lange so schön bleiben, weil er die Hässlichkeit seines Lebens verstecken konnte. Trotzdem ist seine Schönheit echt und sehr wahrscheinlich notwendig als einzige Alternative zu Zerstörung und Gewalt. Die Veränderungen innerhalb der westlichen Gesellschaften werden sowohl mehr Toleranz als auch eine lebhafte Debatte über Spielregeln notwendig machen, besonders urbane Regionen werden noch pluralistischer werden, und aus den unterschiedlichen Traditionen, Haltungen und historischen Erfahrungen wird eine neue Art von Gemeinsamkeit entstehen, ja entstehen müssen. Ohne liberale Ideale wird das nicht möglich sein – aber es wird auch mit ihnen schwierig genug werden.

Wenn die migrationsgeprägten und mitten in einer immensen technologischen Transformation befindlichen Gesellschaften der nächsten zwei oder drei Jahrzehnte eine Chance haben sollen, zusammenzuwachsen und gemeinsam neue Institutionen, Prozesse und sehr radikale wirtschaftliche Maßnahmen zu entwickeln, um diesen Herausforderungen zu begegnen, müssen ihre Debatten und Verhandlungen auf liberalen Ideen aufbauen, denn keine Gemeinschaft wird auf Dauer mächtig genug sein, um dem Rest ihre eigenen Interessen aufzuzwingen. Pluralismus ist wie Demokratie: Alle verzichten auf die Chance der absoluten Macht, damit die Kontinuität der Entscheidungsfindung in den Händen der Gemeinschaft bleibt, niemand zu viel Macht akkumulieren kann und niemand ganz ausgeschlossen ist von diesem Prozess, sodass das Potenzial für gewaltsamen Machtwechsel verringert wird.

Obwohl oder vielleicht gerade weil wir ihn in der Debatte der kommenden Jahrzehnte so dringend brauchen, müssen wir den liberalen Traum auch als ambivalent und kompromittiert begreifen, müssen wir ihn historisch und nicht religiös, als Glaubensinhalt, betrachten. Genau das nämlich werfen Kritiker den Aufklärern seit 300 Jahren vor: dass sie so dogmatisch sind wie der verstockteste Priester, dass sie nur einen Glauben durch einen anderen ersetzt haben und dass nichts darauf hindeutet, dass das aufgeklärte Menschenbild auch einen Sitz im Leben hat. Der Mensch als rationales Wesen? Kritiker so unterschiedlicher Couleur wie Edmund Burke und Friedrich Nietzsche konnten ob solch einer Vorstellung nur lachen. Die

Aufklärung war eine Religion für die Mittelklasse, mehr nicht, Opium für die besseren Kreise. Im 20. Jahrhundert und besonders unter dem Eindruck des Holocaust formulierten Kritiker wie Theodor W. Adorno und Max Horkheimer, Michel Foucault und Jacques Derrida eine ganz andere und gewissermaßen systemimmanente Kritik der Aufklärung, die sich auch auf den liberalen Traum ausgewirkt hat. Diese Analyse war wesentlich einschneidender als die etwas plattfüßigen Vorwürfe und Rückzugsgefechte der früheren Gegenaufklärer. Sie besagte nichts weniger, als dass die alles befreiende Aufklärung schon den Keim von totalitärer Herrschaft und Massenmord in sich trage, dass auch das Narrativ von Fortschritt und Vernunft nichts weiter sei als eine Maske der Macht, die gebraucht wurde, um andere, weniger Privilegierte zu kontrollieren, zu unterdrücken, auszubeuten und, wenn nötig, umzubringen – alles selbstverständlich im Dienste des Allgemeinwohls.

Dieser brutale, mechanistische Aspekt, den die Aufklärung auch dem liberalen Traum vermacht hat, drückt sich besonders in einem von Foucault analysierten Projekt aus, dem von Jeremy Bentham entworfenen Panoptikum. Bentham war ein wohlhabender englischer Privatgelehrter und Philosoph, der den Rationalismus der Aufklärung bis ins letzte Extrem trieb. Im Panoptikum, einem runden Gefängnis, in dem alle Zellen von einem zentralen Beobachtungsturm aus einsehbar waren, sodass alle Häftlinge sich dauernd beobachtet fühlen mussten, sollten nicht nur Strafgefangene untergebracht werden und für ihren eigenen Unterhalt arbeiten, das Projekt eignete sich nach Bentham auch für Waisenhäuser und Hospitäler, für Schulen und Erziehungsanstalten, eben für alle Institutionen, die ihre Insassen optimal überwachen und deren wirtschaftlichen Wert optimieren wollten. So konnte eine rationale Elite auch die irrationalen, triebhaften Horden erziehen und unter Kontrolle halten.

Bentham war nicht der einzige Philosoph der Aufklärung, der einen Rationalismus vertrat und der Demokratie zutiefst misstraute. Es ist zweifellos richtig, dass nur eine Minderheit der Aufklärer Demokraten im heutigen Sinne waren. Auch ein Quasianarchist wie Denis Diderot unterstützte die konstitutionelle Monarchie (allerdings unter der Bedingung, dass das Volk den König hinrichten durfte, wenn er gegen das Allgemeinwohl arbeitete). Ihre Haltung wird vielleicht etwas verständlicher, wenn man sich vergegenwärtigt, dass zu ihren Lebzeiten nur zehn Prozent der Europäer lesen und schreiben konnten und die wenigsten irgendetwas über die Welt wussten. Demokratie erschien deshalb als attraktive Utopie, auf die hinzuarbeiten war, aber gleichzeitig unter den gegebenen Umständen als Unmöglichkeit.»Die Aufklärung hört in den Vorstädten auf«, sagte Diderot,»jenseits von ihnen müssen die Menschen zu hart arbeiten und haben zu wenig zu essen.«

Dieser Punkt führt zu einer weiteren Beobachtung, die uns in einem späteren Kapitel noch einmal beschäftigen wird. Was für die Philosophen des 18. Jahrhunderts die Herrschaft der aufgeklärten Elite war, die allein entscheiden konnte, wie das Volk glücklich werde, ist in vielen entwickelten Staaten zur Herrschaft der Experten und der Tabellenkalkulationen geworden, zur Dominanz des technokratischen Liberalismus, der keine Gegenargumente sucht oder duldet, weil seine Analysen datenbasiert und daher richtig sind. Man könnte jetzt anfangen, über statistische Methoden, komplexe Modelle, Datenerhebungen, Forschungsannahmen und Fragestellungen zu streiten. Man kann aber auch mit Churchill antworten:»Ich traue keiner Statistik, die ich nicht selbst frisiert habe.«

Auch wenn Adornos Verdacht vom Gewaltpotenzial der

Aufklärung, der einen direkten geistigen Weg von Kants Studierstube zu den Toren von Auschwitz konstruierte, vielleicht zu sehr unter dem Eindruck des Massenmords stand, und auch wenn Foucault sicherlich nur einen wichtigen, aber zynischen Teil der aufklärerischen Tradition traf, als er versuchte, die Argumente der Philosophen als bloßen hegemonialen Diskurs zu entlarven, so ist die Stoßrichtung dieser Kritik durchaus fruchtbar: Erstaunlich viele Aufklärer hatten tatsächlich ein eher pessimistisches Menschenbild, das mehr an den New Yorker PR-Guru Edward Bernays erinnert als an Kant, und wie Bernays und seine Kollegen waren beispielsweise auch Thomas Hobbes und Voltaire davon überzeugt, dass die Masse der Menschen zu ihrem eigenen Vorteil gelenkt und manipuliert werden müsse.

Der liberale Traum hat diese Gedanken übernommen. Viele Menschen, die sich selbst als liberal bezeichnen würden, und erstaunlich viele Schriftsteller und Meinungsbildner äußern privat oder öffentlich Zweifel daran, ob ein Teil der Bürger überhaupt intellektuell in der Lage und ausreichend informiert ist, um wirklich wählen zu können. Die Antwort auf diese Frage war in liberalen Kreisen das Fiat der Experten, und diese Lösung hat erstaunlich oft und erstaunlich gut funktioniert. Die heute krisengeplagte Europäische Union ist ein klassisches Beispiel für ein solches Elitenprojekt, das vielen Menschen sehr genützt hat.

Es gibt viele legitime und wichtige Kritikpunkte an der Europäischen Union, aber nur ihre verbohrtesten Gegner leugnen, dass sie den Frieden und die wirtschaftliche Entwicklung Europas maßgeblich befördert hat, obwohl sie nicht per Volksentscheid oder Wählerwillen, sondern als eine persönliche Initiative einer Handvoll weitsichtiger Politiker gegründet wurde. Vielleicht liegt darin heute ein Grund für ihre Unbeliebtheit, vielleicht hat sie sich nie an veränderte Umstände angepasst und zu sehr vernachlässigt, die Union auch zu erlebbarer Realität zu machen und so auch Europäer heranzuziehen, genauso wie Amerikaner, Deutsche und Griechen von ihrer Gesellschaft geformt und erzogen werden. Trotzdem: Ihre Existenz bleibt eine historische Errungenschaft.

Hier schließt sich gleich eine ganze Reihe von Fragen an. Wenn liberale Elitenpolitik so verlässlich positive Resultate zeitigt, heißt das, dass die Politik eigentlich aus zwei Geschäften besteht, dem technokratischen Entscheiden und dem medialen Verkaufen dieser Entscheidungen? Ist das demokratisch? Und ist es in komplexen Gesellschaften unvermeidlich? Ist das rationalistische Menschenbild der Aufklärung, die Voraussetzung für den Erfolg des liberalen Traums, einfach zu schematisch, zu optimistisch, zu sehr von seinem eigenen christlichen Erbe imprägniert und damit einer unsinnigen Heilsgeschichte verpflichtet, die jetzt Fortschritt genannt wird? Hatten die Aufklärer nicht vielleicht recht, wenn sie befanden, viele ihrer Zeitgenossen seien nicht imstande, wichtige Entscheidungen über ihre Gesellschaft zu treffen? Und wenn ja, wie sollten zukünftige Gesellschaften verfasst sein, um ihr liberales Erbe nicht zu verspielen?

LA GRANDE ILLUSION

Eine der interessantesten zeitgenössischen Abrechnungen mit der Aufklärung stammt von dem englischen Philosophen John Gray, der die Ansicht vertritt, das Fortschrittsnarrativ der Aufklärung – gewissermaßen der Motor, der sie immer weiter treibt – sei nichts als eine Illusion, eine Propagandalüge überoptimistischer oder größenwahnsinniger Autoren, die jede Verbindung zur Realität verloren hatten. Letztendlich beschreibt Gray die Welt und die menschliche Existenz als tragisch und alle Bemühungen, sie objektiv zu verbessern, als naiv und zum Scheitern verurteilt, weil sie die wahre Natur des Menschen – gierig, kurzsichtig, grausam und dumm – willkürlich verkennt. »Die Idee des Menschheitsfortschritts«, schreibt Gray,

gründet in der Überzeugung, die Anhäufung von Wissen gehe Hand in Hand mit der Weiterentwicklung der Spezies – wenn nicht in unserer Gegenwart, so doch auf lange Sicht. Der biblische Mythos vom Sündenfall aber birgt eine unliebsame Wahrheit in sich: Wissen macht uns nicht frei. Wir bleiben die, die wir immer gewesen sind, und sind zu jeder Torheit imstande. Diese Wahrheit findet sich auch in der griechischen Mythologie. Die Bestrafung des Prometheus, der den Göttern das Feuer stahl und deshalb an einen Felsen gekettet wurde, hatte ihre guten Gründe.

Grays düstere Vision hat einige gewichtige Argumente für sich. Das wohl wichtigste davon ist wissenschaftlicher Natur. Je intensiver Zoologen das soziale Verhalten anderer Säugetiere und besonders anderer Primaten beobachten, umso deutlicher wird, wie sehr wir Teil von ihnen sind, dass unsere Prioritäten – die heißesten Kandidaten für die Dreifaltigkeit der Grundmotivationen sind Sex, Angst und Anerkennung – sich kaum von den ihren unterscheiden und dass wir zwar rationaler und stärker zu symbolischem Denken fähig sind, dass aber unser Antrieb, unsere Instinkte und unsere sozialen Reflexe uns noch tief in den Savannen Afrikas verankern, als das Leben noch kurz, brutal und sehr einfach war. Wir sind Primaten, die gelernt haben, sich selbst maßlos zu überschätzen.

Gray baut ein starkes Argument auf – auch wenn man sich bei der Lektüre nicht ganz des Eindrucks erwehren kann, dass es wirklich von grandioser Sinnlosigkeit wäre, solche Argumente zu konstruieren und in Büchern zu verewigen, wenn es nicht doch noch intelligente und aufgeklärte Menschen gibt, die sie lesen. Vielleicht ist also auch Gray hoffnungsvoller, als er zugibt.

Immer wieder gerät das Menschenbild der Aufklärung unter intellektuellen Beschuss, teilweise sehr zu Recht. Ein Aspekt ist dabei besonders kritisch für den liberalen Traum und sein Evangelium des Fortschritts. Schon Anthropologen wie Émile Durkheim und Claude Lévi-Strauss sind bei ihren Untersuchungen zu dem Ergebnis gekommen, dass der Fortschritt eine immense Achillesferse hat: Die dauernde Transformation, das Wegfegen des Alten, das Weggehen aus einer vertrauten Welt, die bald darauf zerstört wird, üben einen immensen Druck auf Menschen aus, die sich in der sich rasend schnell verändernden Welt nicht mehr zurechtfinden, nicht mehr zu Hause fühlen.

Der liberale Traum bietet nur eine schwache Identität. Er sagt Menschen nicht klar, wer sie sind und wo sie hingehören, sondern er spricht wesentlich unspezifischer von Werten und Hoffnungen; er bietet Meinungsumfragen und Statistiken an, wo Gefühle und Sicherheiten verlangt werden; anstatt klar zu verkünden, wer dazugehört und wer draußen ist, predigt er Offenheit und Toleranz. Im Englischen ist diese Schwäche gut in dem Gegensatz zwischen *a sense of place* und *a sense of space* ausgedrückt.

Der liberale Traum vermittelt einen *sense of space*, ein Gefühl, den Raum um sich herum beherrschen und erobern zu können und sogar den Mond zu kolonisieren, aber er kann nur einen oberflächlichen *sense of place* anbieten, das Gefühl, irgendwo dazuzugehören, an einem Ort zu Hause zu sein. Sein idealer Bürger ist ein Kosmopolit, der sich überall zu Hause fühlt und in jeder Umgebung floriert, solange seine Freiheiten und Rechte gewährleistet sind. Das ist tatsächlich eine attraktive Idee, aber es fragt sich, für wie viele Menschen in der Gesellschaft sie ebenfalls so interessant ist.

Wie einschneidend die Veränderungen sein können, die eine Fortschrittsgesellschaft ihren Bewohnern abverlangt, zeigt sich ganz deutlich anhand der jeden Tag millionenfach neu erfahrenen Schwierigkeiten beim Wechsel vom Land in die Stadt. Das Leben in einer großen Metropole kann verlockend sein, für zahllose Menschen ist es aber auch die einzige Möglichkeit, sich einen Lebensunterhalt zu verdienen. Gleichgültig, ob die erste Station in der großen Stadt ein Slum an der Peripherie ist, eine Hochhaussiedlung, eine kleine Pension oder ein Studentenwohnheim – die Verbindung zur Heimat, zum Dorf wird vielleicht anfangs noch intensiv aufrechterhalten, dann aber schläft sie meistens ein. Ein neues Leben wartet, mit neuen Freunden, neuer Arbeit, neuen Erfahrungen. Städter aber kleiden sich auch anders, essen anders, bewegen sich anders, sprechen anders, haben andere Ansichten, bekommen meistens weniger Kinder, die dann aber bereits ganz Städter sein werden, kennen ihre Nachbarn häufig nicht, leben in schnelleren Zyklen und konsumieren mehr.

Es ist erstaunlich, wie schnell sich Menschen an diese völlig andere urbane Welt anpassen können, aber es ist ebenfalls verständlich, dass diese Notwendigkeit auch Nostalgie produziert, die immer mehr zur Sehnsucht nach einer unbeschädigten Welt wird, einer Welt, die es so nie gegeben hat. Umgeben von scheinbar unbegrenzten Möglichkeiten einerseits und harschen Realitäten andererseits, suchen gerade Migranten nach Sicherheiten, die sie an ihre Heimat erinnern. Viele Menschen aus eher traditionellen Gesellschaften finden sie in der Religion und in einer oft strikteren Observanz, als sie in ihrer Heimat üblich war, für die meisten Menschen aber bietet identitärer Konsum von Markenprodukten und Medien eine Projektionsfläche für neue Identitäten und für die Kommerzialisierung ihrer Nostalgie.

In guten Zeiten, wenn sich die Gesellschaft sicher fühlt, ist es leicht, »denen da oben« die großen Entscheidungen zu überlassen und Identität und Zugehörigkeit woanders zu finden als beim Staat, vielleicht als Fan eines Fußballklubs oder als Konsument einer bestimmten Marke. Wenn die Atmosphäre sich aber ändert, kann es dem liberalen Traum zum Verhängnis werden, dass er dazu tendiert, über die Köpfe der einfachen Leute hinweg zu handeln, und dass er ihnen nicht stark genug vermittelt, dass sie eine Gemeinschaft sind, dass sie dazugehören, dass sie einen Grund haben, stolz und voller Hoffnung zu sein.

Auch zwischen liberalen und anderen Gesellschaften kann dieser Reflex sehr problematisch sein. Die frühen Unterstützer der Aufklärung plädierten für ein Menschenbild, das mit individuellen Rechten und Freiheiten beginnt, auch wenn die Idee der menschlichen Gleichheit in einer Adelsgesellschaft nicht nur als offensichtlich absurd, sondern auch als gefährlich angesehen wurde. Heute hat sich diese Idee auf eine andere Weise verformt, die ihre Unterstützer an ihre Grenzen stoßen lässt.

Universelle Menschenrechte, wie sie die Denker des 18. Jahrhunderts forderten, wurden in einer Zeit formuliert, in der die millionenfache Migration aus anderen Kontinenten nicht einmal als theoretische Möglichkeit diskutiert wurde. Europäer befuhren die Weltmeere, um Kolonien zu errichten, Handel zu treiben und den Planeten zu kartografieren. Eine größere Bevölkerungsbewegung in die andere Richtung war nicht nur unbekannt, sondern mit den technologischen Mitteln und unter den politischen Umständen der Zeit auch undenkbar. Die Globalisierung, Smartphones, das Internet und billiges Reisen haben diese Situation radikal verändert. Menschen in armen Ländern, in Staaten, die im Bürgerkrieg sind, kaum Infrastruktur haben, ein großes Bevölkerungswachstum verzeichnen oder Individuen konkret verfolgen, können jetzt relativ einfach in die reiche Welt gelangen, vorausgesetzt, sie oder ihre Familien haben genug Geld, einen Schlepper zu bezahlen. Damit stellt sich die Frage nach den universellen Menschenrechten neu, denn auch die reichsten und stabilsten Länder können nur einen Bruchteil derer aufnehmen, die oft ihr Leben für die Überfahrt riskieren, um Schutz oder ein besseres Leben zu suchen.

Der liberale Traum lebt von seiner Offenheit, von der Grundannahme der Gleichheit, der gleichen Rechte und Freiheiten aller. Was aber passiert, wenn Millionen von Menschen beschließen, diese Rechte für sich zu beanspruchen, indem sie ihre Freiheiten nutzen? Weder der Wohlstand noch die Infrastruktur, noch der soziale Frieden der reichen Länder können diesen Hunger auf ein neues, selbstbestimmtes Leben befriedigen, gleichzeitig untergräbt er so seine eigene Rechtfertigung.

Wenn einmal ein Zwei-Klassen-Menschenrecht eingeführt ist, in dem alle Menschen gleich sind, einige aber gleicher als andere, ist es nur eine Frage der Zeit, bis neue Gruppen in der zweiten, minderen Kategorie landen. Jede und jeder ist Teil einer Minderheit, die von irgendjemandem gehasst wird, sei es wegen der religiösen oder ethnischen Identität, der politischen Überzeugung, der sexuellen Orientierung oder einfach weil er fremd ist, eine Brille trägt, lange Haare oder eine Glatze hat, gefährlich aussieht. Menschenrechte müssen als unteilbar und

universell verteidigt werden, sonst verkümmern sie zu sinn-
entleerten Worten.

DIE HAUT ZU MARKTE TRAGEN

Die Idee des Marktes, die mit dem liberalen Traum so eng verknüpft ist, ist bislang wenig vorgekommen, aber in der Nachkriegszeit wurden das liberale Denken und die Marktwirtschaft zum Traumpaar der politischen und ökonomischen
Theorie, und das aus scheinbar guten Gründen.

Der Gedanke, dass alle Menschen gleiche Rechte haben,
dass Wissen besser ist als Ignoranz, dass Menschen einander
tolerieren müssen, auch wenn sie unterschiedlicher Meinung
sind, wurde auf einem Markt geboren. Händler müssen prag-
matisch und nicht ideologisch urteilen, sie brauchen sachliche
Information, die ihnen bei der Urteilsfindung hilft, Informationen, auf die sie Geld wetten können, ohne ruiniert zu werden. Die ersten Zeitungen entstanden im 16. Jahrhundert in
Handelszentren, um Kaufleute darüber zu informieren, was bei
ihren Handelspartnern geschah, welche Investitionen sicher
waren.

Auch Demokratie ist ein Geschöpf des Marktes oder seines antiken Vorgängers, der Agora: Dort, wo man über Politik
sprechen konnte, wo sich Bürger zusammenfanden und gemeinsam beschlossen, was zu tun sei. Hier bildeten sich Koalitionen, wurden Reden gehalten, Meinungen geändert, Argumente ausgetauscht. Dieser Austausch, die Offenheit des
öffentlichen Raums, macht die Lebendigkeit und Kraft einer
Demokratie aus. Demokratien brauchen Märkte. (Andersrum
stimmt das nicht. Märkte brauchen keine Demokratie und sind
sicher kein Garant für demokratische Rechte oder Praxis.)

Der liberale Traum und der Markt gehören zusammen. Das Verhältnis, das sie zueinander haben, bestimmt darüber, welche Prioritäten eine Gesellschaft setzt. Die Aufklärer des 17. und 18. Jahrhunderts, die diese Ideen zum ersten Mal umfassend debattierten, waren begeistert von den Möglichkeiten der Märkte, soziale Hierarchien zu zerschlagen, Ignoranz und Aberglauben hinwegzufegen, empirische Wahrheiten zu privilegieren und selbstbestimmte Arbeit gerecht zu entlohnen. Sie lebten in protektionistischen Gesellschaften mit kontrollierten Preisen, Zünften und Innungen, käuflichen Ämtern, unerklärbaren Ritualen, schikanösen Zöllen und endemischer Korruption. Da erschien der freie Markt vielen von ihnen als Antwort auf alle Übel.

Trotzdem waren freie Märkte als Konzept etwas ganz anderes als das, was wir heute so nennen. Märkte sollten der Gesellschaft dienen, Innovation und Produktion fördern, die Armut bekämpfen und Wettbewerb ermöglichen, aber nicht einmal die radikalsten unter den radikalen Denkern des 18. Jahrhunderts wollten die Preiskontrollen für Brot abschaffen, denn die Kontrolle über den Getreidepreis war eines der wenigen effektiven Steuerungsmittel, über die ein Staat verfügte, um auf Marktschwankungen (etwa durch eine Dürre oder Missernte) zu reagieren und so nicht nur Hungersnöte, sondern auch Revolutionen zu verhindern. Mit den Brotpreisen auch das unmittelbare Überleben zahlloser Menschen dem Spiel der Spekulanten zu überlassen schien unverantwortlich.

Der freie Markt war niemals frei, er bedurfte schon immer der Absicherung seiner Verträge durch Gerichte, Gesetze und Polizei, der Einhegung möglicher Monopole, des Schutzes der Händler und Kunden, die sonst keine Handhabe gegen Betrug hätten, einer Infrastruktur von Straßen und Häfen, von Schulen und Krankenhäusern. Ein Markt braucht ein Gemeinwesen mit bindenden Regeln, einen Staat, um funktionieren zu können, er baut auf den Ressourcen und dem Wohlstand des Staates auf. Das war vor dem Ersten Weltkrieg auch der Konsens in liberalen Kreisen, die im Staat eine Art Garantie für zivilisierte Verhältnisse und problemlose Transaktionen sahen.

Der liberale Traum von Menschenrechten, Freiheit und ungehindertem Austausch von Gütern und Ideen hat zumindest im Westen die Nachkriegszeit bestimmt, allerdings in Verbindung mit einem historischen Trauma. Nach 1945, nach Auschwitz und Hiroshima schien es zumindest in der westlichen Welt oberstes Gebot, dafür zu sorgen, dass sich ein solcher epochaler Zivilisationsbruch nicht wiederholen konnte. Für Europa bedeutete dies soziale Gerechtigkeit, Umverteilung, Pazifismus, *soft power*, Menschenrechte, Minderheitenschutz, soziale Marktwirtschaft, regulierte Finanzmärkte, Internationalismus und Demokratie – alles, um die volatile Situation eines neuen Weimar zu verhindern.

Neben ihrer Funktion als Bollwerk gegen neue Revolutionen galt die soziale Marktwirtschaft auch als beste Versicherung gegen sowjetische oder kommunistische Infiltration. Die Arbeiter in kapitalistischen Ländern brauchten keinen real existierenden Sozialismus, hier entschieden Arbeitnehmer und Arbeitgeber gemeinsam über die gerechte Verteilung der gemeinsam erwirtschafteten Profite. Aus dieser marktwirtschaftlichen Sicht ist der Zusammenbruch der Sowjetunion übrigens ironischerweise ein Rückschritt: Er schaffte den Wettbewerb der politischen Gesellschaftsentwürfe ab und erlaubte es dem verbleibenden Monopolisten, dem kapitalistischen Westen, seinen unfreiwilligen Kunden, den Staatsbürgern, einen weniger guten Service zu einem höheren Preis zu verkaufen.

Nachdem sie einer neuerlichen Katastrophe, ausgehend von den Versprechungen und Drohungen zweier messianischer Visionen (Faschismus und Kommunismus), nach dem Mauerfall entgangen waren, hatten viele Menschen in der reichen Welt keinen Appetit mehr auf große ideologische Entwürfe. Man wollte sich auf das eigene Leben konzentrieren, eine beispiellose Periode des Friedens und des Wohlstands genießen, eine Periode, die in den Augen vieler Ökonomen und Gesellschaftswissenschaftler das Potenzial hatte, endlos zu sein und die Zukunft des Menschen ganz auszufüllen. Die Zeit der großen Ideologien schien endgültig vorbei. Eine neue Idee trat an ihre Stelle, eine Idee von verführerischer Einfachheit. Die Gesellschaft besteht aus Menschen, die miteinander interagieren, handeln, Angebote machen und annehmen. Die Ergebnisse dieser Interaktionen lassen sich in Zahlen ausdrücken und sind Teil des Marktes, der die gesamte Gesellschaft durchzieht. Wer diese Zahlen interpretieren kann, der hält den Schlüssel zur Welt in Händen – zu persönlichem und allgemeinem Reichtum. Jede soziale Frage, jede Ungerechtigkeit und jede politische Schlacht lässt sich quantifizieren. Sie sind das Resultat staatlicher Einmischung in die Kräfte des Marktes, die Ungleichheiten durch Preisdruck und Innovation ausgleichen, wenn man sie nur lässt.

Diese Idee eines Marktes nicht als Motor der gesellschaftlichen Entwicklung, sondern als Gesellschaft, eines Staates, der laufen sollte wie ein gut geführtes Unternehmen, leuchtete den Kindern des Wirtschaftswachstums intuitiv ein. Margaret Thatcher und Ronald Reagan, flankiert von intellektuellen Größen aller Disziplinen, verkündeten, dass der Staat das Problem sei und der Markt die Antwort. Thatcher unterstrich dieses Gefühl mit ihrem berühmten Satz: »*There is no such thing as society.*«

Die Folgen dieser Politik – die Privatisierungen, die sehr wenige Leute sehr reich machten, während in fast allen Fällen die Qualität der Dienstleistungen von der Stromversorgung bis zum Eisenbahnverkehr dramatisch kollabierte, die Deregulierung der Finanzmärkte und der Industrie und in Großbritannien das Ende der immensen Macht der Gewerkschaften – müssen hier nicht dargelegt werden. Die nächste Generation von Politikern – Tony Blair, Gerhard Schröder, Bill Clinton – kam von links, führte aber die Politik der Privatisierungen und der freien Marktwirtschaft weiter. Die Faszination des Marktdenkens erstreckte sich über das gesamte politische Spektrum und war das vielleicht erste Indiz für den späteren Zusammenbruch der traditionellen Parteienlandschaft, der zwar noch zwei Jahrzehnte in der Zukunft lag, sich dann aber mit unvorstellbarer Geschwindigkeit vollzog.

Der Markt schuf seine eigene Realität, in der es nur Konsumenten und wirtschaftliche Akteure gab, in der alles, inklusive Schulen und Universitäten, Krankenhäuser, Gefängnisse, Busse und Standesämter, profitorientiert betrieben werden konnte und sollte, in der Wettbewerb das oberste Prinzip aller menschlichen Aktivitäten war. In einer Phase der industriellen Entwicklung, in der die Fabriken und Bergwerke aus Europa verschwanden und mit ihnen auch die Verbindung zwischen Schwerindustrie, Gewerkschaften und gemeinschaftlich ausgehandelter Wirtschaftspolitik, schien der Markt tatsächlich die Lösung für viele Probleme zu bieten.

Wo früher zähe Verhandlungen zwischen Gewerkschaften und Bossen geführt wurden, würde jetzt der Markt die Arbeit effizient verteilen und überall, nach Schumpeter, »kreative Zerstörung« und Innovationen schaffen. So würde die Wirtschaft ganz von selbst fit für das Zeitalter der digitalen Startups und des globalen Wettbewerbs. Gleichzeitig würde dieser

Wettbewerb zwischen Anbietern nicht nur Güter, sondern auch Dienstleistungen wie Erziehung und Ausbildung, Sicherheit, Transport und Infrastruktur besser und billiger gewährleisten.

In vielen Ländern der westlichen Welt wurde der liberale Traum fast ganz von diesem Marktfundamentalismus überwältigt. Die USA hatten mit der russisch-amerikanischen Autorin Ayn Rand schon in den 1950er Jahren eine Galionsfigur des libertären Marktes gehabt, deren millionenfach verkaufter Roman *Atlas Shrugged* mit Bewunderung von einer Welt erzählt, in der nur die Starken überleben. Nach dem Mauerfall setzten sich diese Ideen auch in Europa durch. Der Markt schien die ideale, saubere und unideologische Lösung für ein vom Erbe des Sowjetkommunismus und der unterschiedlichen Faschismen und Diktaturen vergiftetes historisches Vermächtnis. Der Markt ist unparteiisch und unpolitisch; Zahlen lügen nicht und gehören keiner Fraktion an.

Wie schon im vorigen Kapitel angedeutet, krankt diese Marktvision vor allem daran, dass sie nichts mit der Realität zu tun hat. Erfahrungsgemäß haben »Kunden«, die etwa einen Zug nehmen müssen, oder Strafgefangene oder Schüler nur sehr wenig Möglichkeit, sich frei zwischen verschiedenen Angeboten zu entscheiden, und der Wettbewerb stellt sich oft als Illusion heraus, während die Profite für die kommerziellen Anbieter sehr real sind. In vielen Fällen handelt es sich um De-facto-Monopole von Firmen, die sich international beispielsweise auf die Verwaltung von Gefängnissen spezialisiert haben. Sie spüren den Innovationsdruck des Wettbewerbs nicht, denn wer einmal eine bestimmte Größe erreicht hat, kann jede aufkeimende Konkurrenz ersticken oder einfach aufkaufen.

Für den vielbeschworenen Konsumenten äußert sich dieser Hang des Marktes, Monopole zu bilden, die nicht überall von

Kartellämtern effizient verhindert werden, vor allem darin, dass zwar einerseits verwirrend viel sinnlose Auswahl besteht, die freie Entscheidungen zumindest suggeriert, dass dahinter aber letztlich nur die Wahl zwischen Apple und Microsoft, zwischen Nike und Adidas und wenigen anderen *global players* steht. Es geht nicht um echte Entscheidungen (wie zum Beispiel die, das Spiel des endlosen Marktes gar nicht mitzuspielen und nach Alternativen zu suchen), sondern um die Simulation von Entscheidungen in einer kontrollierten und gelenkten Kaufsituation, die von unendlich viel Werbung und Suggestion vorbereitet wurde.

Für diejenigen, die am unteren Ende dieser wirtschaftlichen Kette stehen, zeigt sich eine andere Realität, die der amerikanische Autor Gore Vidal einmal als den »Sozialstaat für die Reichen und den freien Wettbewerb für die Armen« charakterisierte. Wer heute etwa zum Reinigungspersonal eines öffentlichen Gebäudes gehört, arbeitet wahrscheinlich für einen Subunternehmer und wird selbst als freie Unternehmerin oder freier Unternehmer angestellt, was nur heißt, dass der Vertragspartner (früher: Arbeitgeber) seinen Subunternehmer (früher: Arbeitnehmer) nicht versichern muss und den Vertrag jederzeit auflösen (früher: ihn entlassen) kann. Er ist aber sicherlich nicht mehr Teil einer Institution, bei der er lange arbeitet oder auf die er stolz sein kann, einer Gemeinschaft von Arbeitenden.

Diese Weise, den Markt in allen Fragen entscheiden zu lassen, ist nicht nur dafür verantwortlich, dass beispielsweise in den USA die Löhne von einfachen und auch von besser ausgebildeten Arbeitern und Angestellten seit den 1970er Jahren stagnieren; sie schafft auch existenzielle Unsicherheit, und sie beleidigt den Stolz und die Intelligenz von Arbeitern, die sehr wohl begreifen, dass sie keine Unternehmer sind, die für ihre

Freiheit ein gewisses Risiko tragen, sondern dass sie zu Lohn-sklaven degradiert wurden, deren Entscheidungsfreiheit minimal ist und die dafür das gesamte Risiko tragen müssen und sofort entlassen werden können.

So erzeugt der sogenannte freie Markt einen ähnlich schizophrenen Druck wie das Paradies des Konsums. Einerseits vermitteln beide, dass das Individuum heilig ist, unantastbar und im Vollbesitz seiner Freiheit und seiner Rechte, dass jeder Mensch *amazing* ist, jede Meinung zählt, dass er etwas kaufen soll, weil er es wert ist, weil man sich sonst nichts gönnt; andererseits sind sie grausam effizient darin, den Menschen vorzuführen, wie ungenügend sie sind, dass sie sich zu wenig anstrengen, dass sie sich optimieren, das neue Modell kaufen, noch ein Diplom machen, sich fit machen müssen für den Arbeitsmarkt, dessen zynischen Ansprüchen sie nie genügen können.

So interpretiert, schafft der liberale Traum obsessive Narzissten, die als Reflexionsfläche den Markt der Konsumrituale und der eigenen Popularität nutzen (auch die ist mit Followern und Likes quantifizierbar geworden), während sie sich minütlich vor dem eigenen Absturz fürchten. Er schafft aber auch eine wachsende Zahl von Menschen, die irgendwo zwischen schlecht bezahlten und unsicheren Subunternehmer-Jobs oder teilweise oder ganz vom Staat subventioniert keinen Zugang zum transformativen Konsum haben, zur einzigen Seligkeit, die der Markt anzubieten hat. Ganz unten in dieser Hierarchie – und in sicherer Entfernung von den Augen westlicher Konsumenten – schafft dieser Markt ein globales Heer von Sklaven, die im Verborgenen schuften, ohne jemals die Segnungen der Menschenrechte zu spüren, die in den westlichen Ländern immer wieder beschworen werden.

Die Einführung dieser rabiaten Marktwirtschaft nicht nur in

hochentwickelten Ländern, die ihre eigene Industrie abbauten und auf dem globalen Markt agierten, sondern auch in sich entwickelnden Volkswirtschaften, die auf lokale und oft traditionelle Schutzmechanismen setzten, um beispielsweise Bauern, die nur für den Eigenbedarf und den lokalen Dorfmarkt produzierten, vor den Billigprodukten des Weltmarkts zu schützen, hat tiefe Spuren hinterlassen. Nicht nur die Wirtschaft, sondern auch die gesellschaftlichen Strukturen wurden erschüttert und waren gezwungen, ein neues Gleichgewicht zu suchen – zumal die Marktdoktrin, wonach ein Kunde die freie Wahl zwischen verschiedenen Produkten hat, nicht für Staaten funktioniert, es sei denn, man hat genug Geld. Die große Zahl von Migranten und die überall gegen sie und illegal Ansässige organisierten Abwehrmaßnahmen zeigen unmissverständlich, dass Konsumentscheidungen nicht greifen, wenn es um die Mitgliedschaft in einer Gesellschaft geht.

Der Marktfundamentalismus, der den liberalen Traum uminterpretiert und gewissermaßen okkupiert hat, hatte aber nicht nur Folgen für Ökosysteme und Wirtschaftsordnungen – er hat auch die Debatten und die Terminologie durchökonomisiert. Aus wirtschaftlicher Sicht sind Individuen zuerst Konsumenten und dann Bürger. Diese Konsumenten sind dadurch definiert, dass sie Zugang zu Kredit haben, dass sie Geld ausgeben können. Das gibt ihnen vertragliche Rechte, wenn sie etwas kaufen. Für diese Rechte aber sind sie (wie in jeder moralischen Ordnung) auch etwas schuldig. In diesem Kontext ist das jedoch nicht Respekt vor den Älteren, Hilfe für die Schwachen oder Dienst an der Gemeinschaft, sondern ein klar ausgewiesener Betrag rechts unten auf der Kreditkartenabrechnung.

Mitglieder einer Gesellschaft sind miteinander verbunden, sind einander etwas schuldig, sonst gäbe es keine Gesellschaft.

In den entwickelten Ländern hat sich diese Schuldigkeit in Konsumschulden verwandelt. Der Sightseer, der in Flipflops und T-Shirt in ein Konzert latscht, und die Frau, die in der U-Bahn laut übers Handy ihren gesamten Arbeitstag referiert, sind ihren Mitmenschen auch deshalb keine Rücksicht schuldig, weil sie die Zinsen auf ihre tatsächlichen Schulden monatlich begleichen, weil sie ihren Teil des Gesellschaftsvertrags schon erfüllt haben und jetzt machen können, was sie wollen.

Die moralischen und religiösen Elemente des Marktfundamentalismus mit seiner Anbetung der Märkte in all ihren Befindlichkeiten (besorgt, deprimiert, nervös, robust, optimistisch) und seinen Propheten, die ihre Orakel auf unseren Bildschirmen interpretieren, mit der Transzendenz des Konsums und der Stammesidentität der Marken sind schon oft beschrieben worden. Wie jede andere Religion kann auch die Religion von Bulle und Bär nur florieren, wenn sie auf das, was vorher war, aufgepfropft wird. Genauso, wie viele alte Kirchen auf den Fundamenten noch älterer heidnischer Heiligtümer stehen und Feste wie Weihnachten den religiösen Traditionen der bekehrten oder unterworfenen Römer und Germanen zu verdanken sind, so hat auch der Traum vom absoluten Markt das Vokabular einer älteren Weltsicht in sich aufgesaugt und mit neuen Inhalten gefüllt. Diese ältere Weltsicht ist die Aufklärung.

DIE AUFKLÄRUNG ALS PARODIE

Es ist erstaunlich zu sehen, was im Kontext des verabsolutierten Marktes aus den Ideen der Aufklärung wird, die ein fester Bestandteil seiner Theorien sind. Hier wie dort sind Menschen rational, liegt ihr Heil in der Vernunft, beide sind universalistisch und tolerant, beide gehen davon aus, dass Menschen von

Geburt an mit Freiheiten und Rechten ausgestattet sind, beide sehen optimistisch in eine Zukunft, die besser, gerechter und wohlhabender sein wird.

Der alles entscheidende kleine Unterschied wird wirksam, wenn diese Gedanken aus dem Kontext der philosophischen Debatte in den der ökonomischen Theorie transponiert werden und dabei ihre qualitativen Aspekte verlieren. Nur was zählbar ist, besteht auch, alles lässt sich quantifizieren, wenn man nur die richtigen Parameter wählt. Die Lösung aller Probleme lässt sich, basierend auf Profitabilität und Wachstum, berechnen und statistisch abbilden.

So wird aus der Rationalität der Aufklärung die Rationalisierung des Marktes, so wird die Freiheit des Menschen zur *consumer choice*, so wird der Universalismus der Menschenrechte zum globalen Freihandel und zur unbegrenzten Reichweite einer VISA-Karte, die Toleranz zu »Über Geschmack lässt sich nicht streiten«, die Menschenrechte zu Verbraucherrechten, der Optimismus der Aufklärer zur utopischen Schaffung eines liberalen und globalen Marktes ohne Handelsbarrieren und zum Fetischismus von *innovation and productivity*. So wird auch der Erfolg einer Gesellschaft durch das Bruttoinlandsprodukt darstellbar. Das gute Leben liegt im Wirtschaftswachstum.

Spätestens hier ist der Punkt erreicht, wo der liberale Traum in seiner historischen Größe zu einer Statistik verkümmert ist. Spätestens hier ist auch der Rand der Klippe in Sicht, auf die der Marktfundamentalismus die reichen Länder und mit ihnen alle Kontinente zurasen lässt. Solange Märkte, die auch Staaten sind, wachsen müssen, um nicht von ihren eigenen Schulden eingeholt zu werden, so lange werden sie trotz aller Reformanstrengungen immer gefräßiger werden, immer weitere Teile der natürlichen Ressourcen und der Biodiversität zerstören, den Klimawandel und die globale Migration beschleunigen und ihr eigenes Geschäftsmodell, ihre eigene Lebensgrundlage weiter untergraben.

Schon die dominanten Denker der Aufklärung waren, wie bereits ausgeführt, häufig Befürworter einer Elitenregierung, um die Bevölkerung kontrollieren, manipulieren und ihre Arbeit weiterhin produktiv nutzen zu können. Gerade liberale Regierungen des 20. und 21. Jahrhunderts haben diese Einstellung vielfach übernommen. Mit diesem Gedanken im Hinterkopf ist es faszinierend, sich vorzustellen, wie sich dieses Prinzip verschieben wird, wenn ein wesentlicher Teil der Bevölkerung keine produktive Arbeit mehr verrichtet oder verrichten muss, weil die Wirtschaft sie nicht mehr benötigt.

Das rapide Wachstum von staatlicher und nichtstaatlicher Überwachung, der Speicherung persönlicher Daten aller Art, ist einerseits ein Versuch liberaler Demokratien, ihre eigene Sicherheit zu verteidigen. Andererseits sind das Sammeln und die Aufbereitung längst selbst ein Wirtschaftsgut und ein Milliardenmarkt, dessen Umfang nur schwer zu erfassen ist. Menschen, so stellt sich heraus, sind nicht nur Untertanen, Bürger oder Konsumenten, sie sind auch Datenströme, die geerntet, gebündelt und gehandelt werden können.

Als Datenstrom ist ein Individuum vor allem Teil eines größeren Musters, das sich genauso verhält wie andere Einheiten des Rasters auch. Die Determinanten sind sozioökonomischer, ethnischer, religiöser Natur. Wer in Los Angeles ein Haus sucht, kann beispielsweise Zugang zu einer Datenbank kaufen, mit deren Hilfe er eine umfassende Analyse der Haushalte in der Nachbarschaft eines interessanten Objekts erhält, inklusive der ethnischen Herkunft, des Einkommens, der Religion, der Anzahl der Haushaltsmitglieder und möglicher Verurteilungen und Konkurse, alles per Mausklick.

Zahlreiche Aktivisten weisen darauf hin, dass die kommerzielle Auswertung von persönlichen Daten die individuelle Freiheit radikal einschränkt und nichts als ein Simulacrum von Freiheit übrig lässt, in dem Konsumenten sich bewegen können und das ihre eigenen Bedürfnisse, ihre Vorlieben und ihre Meinungen ständig verstärkend auf sie zurückspiegelt – das exakte Gegenteil also von Kants berühmter Definition von Aufklärung als dem »Ausgang aus der selbstverschuldeten Unmündigkeit«. Immer wieder ist es seine Heuchelei, die anfängliche Bewunderer des liberalen Traums abstößt. Er predigt Befreiung, schafft aber Unfreiheit für Millionen und Narrenfreiheit für Zocker; er betont Rechte und die Herrschaft des Gesetzes, aber diese Gesetze sind meist aufseiten der Mächtigen; er predigt Befreiung und rechtfertigt Sklaverei; er verspricht neue Chancen und schafft Unsicherheit; er verspricht eine Öffnung der Welt und baut Mauern überall.

Was den sogenannten freien Markt als aktuelle Verkörperung des liberalen Traums betrifft, muss diese Liste ergänzt werden: Er versprach, durch den neutralen Mechanismus des Marktes eine unideologische und unanfechtbare Lösung für fast alle Probleme zu bieten, und ist doch selbst so tief ideologisch und von absurden Annahmen und unzulässigen Vereinfachungen durchzogen, dass er funktioniert wie eine Religion, zusammengeschustert aus falsch verstandener Aufklärung und kaum verdauter christlicher Theologie. Das ist ideengeschichtlich faszinierend, wissenschaftlich aber wertlos und gesellschaftlich explosiv.

■

Trotz seiner Schwächen und Widersprüche und trotz der offensichtlichen Ungerechtigkeiten, die seine Geschichte genauso markant kennzeichnen wie seine historischen Errungenschaften, ist der liberale Traum noch nicht ausgeträumt. Zu seinen Anhängern gehören nicht nur reiche Menschen in mächtigen Ländern, die an Statuserhalt und der Verteidigung ihrer Privilegien interessiert sind, sondern auch ärmere Menschen, die den Status quo verändern und die Diskussion der Aufklärung wiederbeleben wollen. Totgesagte leben länger – aber die Lebendigkeit der Idee von Toleranz, Freiheit und Gleichheit erklärt sich vor allem daraus, dass sie mehr ist als eine Anleitung zur Profitmaximierung.

An ihrem Ursprung war die Idee des freien Marktes ein Mittel zur Emanzipation von aristokratischer Herrschaft und religiösem Aberglauben. Sie markierte nichts weniger als eine neue Art, Mensch zu sein. In einer globalen Situation, in der ganze Gesellschaften dazu gezwungen werden, ihre Wirtschaft und ihre Gesellschaft innerhalb von sehr kurzer Zeit radikal neu zu konzipieren, wird dieser intellektuelle Mut, dieser enorme Sprung der Vorstellungskraft wieder notwendig sein.

Um in diesem Prozess eine konstruktive Rolle zu spielen und nicht völlig zum Abwicklungsmechanismus einer digitalisierten Oligarchie zu werden, wird viel und vielleicht alles davon abhängen, ob der liberale Traum die emanzipatorische Energie zurückgewinnen kann, die es ihm schon einmal ermöglichte, die Welt neu zu erfinden.

DIE FESTUNG

DER AUTORITÄRE TRAUM UND SEINE VÄTER

Betrachtet man den liberalen Traum mit den Augen seiner Kritiker, untergräbt er sich durch seine eigene Geschichte. Eine solche Sichtweise lässt ihn entweder naiv oder zynisch scheinen. Die gegenwärtig mächtigste Gegenbewegung allerdings äußert sich nur selten diskursiv, in Büchern oder programmatischen Essays und Reden. Sie wählt häufig andere Strategien, um ihre Botschaft zu verkünden. Mithilfe sozialer Medien und dezentraler Kommunikation spricht sie ihre Unterstützer direkt und mit wenigen Worten an. Wie der liberale Traum hat auch sie Anhänger überall auf der Welt. Wenn das Bild des liberalen Traums der Markt ist, dann ist ihr Bild die Festung, und der Traum, den ihre Bewunderer und Gefolgsleute träumen, ist autoritär.

Wie sieht dieser autoritäre Traum für seine Unterstützer aus, und welche Ziele verfolgen sie? Ein Einblick in das Denken in der Festung findet sich in einem langen Monolog, den Stephen Bannon, der Chefstratege des 45. Präsidenten der USA, 2014 per Videoschaltung bei einer Veranstaltung des Dignitatis Humanae Institute im Vatikan gab. In seiner informellen Rede beschrieb Bannon die historischen Herausforderungen, wie er sie sah, und entwarf ein Szenario für die nahe Zukunft. Seine ebenso überraschende wie verstörende Vision hat vieles gemeinsam mit der im vorigen Kapitel dargestellten Kritik.

Die Welt, sagt Bannon, ist in einer gewaltigen Krise begriffen, die besonders den jüdisch-christlichen Westen trifft, einer Krise »unserer Kirche, einer Krise unseres Glaubens, einer Krise des Westens, einer Krise des Kapitalismus«. Intern ist es der Kampf dieses Westens gegen den Atheismus, nach außen hin ist der »islamische Faschismus« der große Feind. Gemeinsam wollen sie alles vernichten, »was uns in den letzten 2000 oder 2500 Jahren vermacht wurde«.

Diese Krise rührt auch daher, dass sich der Kapitalismus von seinen aufgeklärten und »jüdisch-christlichen« Wurzeln entfernt hat und zum Kasino-Kapitalismus verkommen ist, ob als Staatskapitalismus oder als extremer Liberalismus vom Zuschnitt Ayn Rands. Diese Form des Kapitalismus »macht aus Menschen Handelsgüter, objektiviert Menschen« und gibt ihnen gleichzeitig die Illusion, frei zu sein.

Die Finanzkrise 2008 öffnete vielen Menschen die Augen dafür, dass Gier die eigentliche Triebfeder der Wirtschaft ist und dass Politiker und Konzerne unter einer Decke stecken. Einfache Menschen bekommen die Segnungen des Kapitalismus nicht zu spüren.

Die eigentliche große Bedrohung aber, der ein immer stärker säkularisierter Westen nicht mehr gewachsen ist, ist der »dschihadistische islamische Faschismus«, der »schneller metastasiert, als Regierungen darauf reagieren können«. Mag sein, dass viele Menschen es lieber ignorieren wollen, aber »da braut sich ein großer Krieg zusammen, der bereits global ist […], und mit heutiger Technologie, heutigen Medien, dem heutigen Zugang zu Massenvernichtungswaffen wird dieser Konflikt ungeheure, beinahe apokalyptische Ausmaße annehmen«.

Nur eine erneute Moralisierung des Westens kann die Katastrophe verhindern. Dafür müssen christliche Kapitalisten sich fragen, ob sie den Wohlstand, den sie ernten, auch wirklich verdienen und ob sie sich nicht gesellschaftlich mehr engagieren sollten. Dieser moralische Neuanfang aber stützt sich auf eine globale Bewegung, eine »populistische Mitte-rechts-Bewegung der Mittelklasse, arbeitender Männer und Frauen, die es leid sind, sich von der Partei von Davos etwas vorschreiben zu lassen«.

Diese »globale Tea Party« verfolgt gemeinsame Interessen und hat ähnliche Prinzipien, zum einen die Ablehnung einer zentralisierten, fernen Regierung, ob in Washington oder in Brüssel, zum anderen, in sozialen Fragen, als »Stimme der Anti-Abtreibungs-Bewegung, die Stimme der traditionellen Ehe«. Dies ist eine globale Revolte, von Lateinamerika bis Indien.

Einer der Exponenten dieser globalen Revolte, der russische Präsident Wladimir Putin, wird von Bannon besonders gelobt. Hier vollzieht der damalige Chef des Nachrichtenportals Breitbart News eine überraschende Volte. Er sagt, Putin habe einen Berater, der seinen Julius Evola gelesen habe, einen der Autoren, die »Unterstützer der traditionalistischen Bewegung« waren, aus der in Italien der Faschismus wurde. Evola, Rassentheoretiker, virulenter Antisemit und Vertreter eines selbsternannten Geistesadels, war tatsächlich einer der Theoretiker des Faschismus, wenngleich er selbst der Bewegung nicht beitrat und sich bald von ihr distanzierte. In diesem Kontext merkt Bannon auch an, Putin »unterstützt traditionelle Institutionen und versucht, das mit einer Form von Nationalismus zu tun«. Menschen vieler Staaten wollen wieder echte Souveränität sehen, sie wollen Nationalismus.

Zum Schluss seiner Rede findet Bannon noch einmal starke Bilder, besonders wenn es um die Rolle der Medien im kommenden Konflikt geht: »Es ist einfach, unsere niederen Instinkte zu bedienen, aber das dürfen wir nicht. Unsere Vorväter haben das auch nicht getan. Sie schafften es, das abzuwehren, sie besiegten es, und sie hinterließen uns eine Kirche und eine Gesellschaft, die wirklich die Blüte der Menschheit waren, und deswegen glaube ich, dass wir alle [...] intensiv über die Rolle nachdenken müssen, die wir in der vor uns liegenden Schlacht spielen werden.«

Der »jüdisch-christliche Westen« befindet sich in einer Schicksalsschlacht gegen den Atheismus und den islamischen Faschismus. Das ist eine Bestandsaufnahme, der unter leicht veränderten Vorzeichen gleich mehrere, scheinbar ganz unterschiedliche nationale Bewegungen und ihre Führer zustimmen könnten, von Wladimir Putin und seiner intensiv gepflegten Nähe zur orthodoxen Kirche (auch wenn er gleichzeitig den Westen für dekadent hält) über den indischen Premier Narendra Modi und seinen politisch explosiven Hindu-Nationalismus und den islamisch-konservativen türkischen Staatspräsidenten Recep Tayyip Erdoğan, der sein Land einerseits islamisieren will, andererseits islamistische Terroristen bekämpft und bekämpfen muss, bis hin zu rechtspopulistischen Bewegungen und Parteien in Europa, die ebenfalls unablässig »jüdisch-christliche Werte« beschwören, und schließlich den ideologischen Exponenten des islamistischen Terrors.

DIE HEILIGE FAMILIE

Eine ganz ähnliche Koalition würde auch Bannons Ablehnung von Abtreibung und »nicht traditionellen« Familienmodellen (und damit auch sexuellen Identitäten) unterschreiben, ein Schutzwall um den Kern der westlichen Werte. Bannons Ansicht, eine atheistische und daher unmoralische Kultur würde sich durch exzessive moralische Laxheit selbst schwächen und hätte dann fanatisierten islamischen Kämpfern nichts mehr entgegenzusetzen, wurde von Michel Houellebecq in *Unterwerfung* sehr anschaulich zu einem Roman verarbeitet, der sofort zum Bestseller wurde, wohl auch, weil er die Ängste seiner Leser widerspiegelt. Auch andere konservative Intellektuelle und Politiker vertreten – längst nicht mehr nur am rechten Rand – häufig diese Ansicht.

Gerade in Frankreich, das traditionell großen Wert auf seine säkulare Gesellschaft legt, ist dieser Streit überraschend heftig entbrannt, teilweise zweifellos auch motiviert durch die Berichterstattung aus den überwiegend von nordafrikanischen Migranten der zweiten oder dritten Generation bewohnten Banlieues und die Angst vor weiteren Terroranschlägen. Der Front National trägt seinen Kampf um die Meinungsführerschaft auch über die Frage nach dem Stellenwert der Religion, der »traditionellen« Sexualität und der Abtreibung aus, und bei einem Protestmarsch gegen die Ehe für Homosexuelle kamen 2016 Zehntausende Franzosen zusammen, um nach eigener Aussage die Heiligkeit der Ehe und die jüdisch-christlichen Werte zu verteidigen.

Diese Verteidigung der Ehe und der Tugend nimmt meistens die Form einer Retraditionalisierung weiblicher Rollenbilder an. In der Türkei dürfen Frauen auch in der Armee, der Schutzpatronin des streng säkularen Kemalismus, wieder Kopftuch tragen und werden von der Regierung offen dazu ermutigt, mehr Kinder zu bekommen. In Polen wurde ein Gesetz, das Abtreibung unter Strafe stellen sollte, nur durch massive öffentliche Proteste verhindert, während ein polnischer EU-Abgeordneter verlauten ließ, Frauen sollten weniger verdienen als Männer, weil sie weniger intelligent seien und außerdem weniger leisten könnten. Auch in anderen europäischen Ländern vertreten national-populistische Parteien offensiv eine

Politik, die die traditionelle Familie in den Mittelpunkt stellt und es sich zum Ziel setzt, Frauen angeblich besonders zu schützen.

Die Propagandisten der autoritären Festungsmentalität wollen das ungeborene Leben und die Würde der Frauen schützen, ein sehr patriarchaler Reflex. Gleichzeitig sind sie sich sicher, dass Frauen weniger wert sind als Männer, unmündig und schutzbedürftig, Objekte für den männlichen Gebrauch. *»You can grab them by the pussy.«*

DER MAUERBAU

Nicht nur Frauen und Familien, die Ehe und das ungeborene Leben müssen geschützt werden, die ganze Nationalgemeinschaft, das ursprüngliche Volk muss gegen äußere und innere Feinde verteidigt werden. Erstere werden von unterschiedlichen nationalen Bewegungen zumindest oberflächlich sehr unterschiedlich definiert.

In Europa und den Vereinigten Staaten ist es hauptsächlich der Islam, der vor den Toren steht, in Russland sind es der Islam und die westliche Dekadenz, in der Türkei der falsche Islam und der Säkularismus, für indische Hindu-Nationalisten sind es Muslime jeglicher Couleur, auf den Philippinen liegt die Betonung auf der Korruption der Bevölkerung durch westliche Drogen und westliche Sitten, die erstarkende nationale Bewegung Japans macht geldversessene Selbstvergessenheit für den moralischen Niedergang der Gesellschaft verantwortlich, die Terroristen des IS versuchen ihrerseits, ihr Kalifat von westlicher Korruption zu reinigen und die Schmach der Kreuzzüge zu tilgen, national-orthodoxe jüdische Siedler in den Palästinensergebieten sehen sich als letzte Bastion des gottgefälligen Lebens in einer Welt bestechlicher Politiker und arabischer Halsabschneider. Diese Visionen verbindet wesentlich mehr, als sie trennt.

Die globale konservative Revolte sieht es als ihre Mission an, geschehenes Unrecht zu überwinden und die natürliche Ordnung der Dinge wiederherzustellen. Ein Großteil der Unterstützer und der Vordenker ist dabei der festen Überzeugung, dass sich das gegenwärtige globale politische und wirtschaftliche System nicht reformieren lässt. Es wurde von Großkapitalisten und Bankern zu ihrem eigenen Nutzen pervertiert, unter aktiver Mithilfe der liberalen (westlichen) Mittelschicht, der Eliten und der von ihnen kontrollierten Propagandamaschinerie, deren Lügen verschleiern sollen, dass sie selbst an der Zitze des Kapitals saugen.

Hier schlägt, wie der Politikwissenschaftler Jan-Werner Müller betont, das Herz des nationalistischen Populismus, der für sich in Anspruch nimmt, als Einziger für das wahre Volk zu sprechen. »Wir sind das echte Volk«, verkündete beispielsweise Präsident Erdoğan auf einer Wahlkampfveranstaltung, um dann, an seine Kritiker gewandt, hinzuzufügen:»Und wer seid ihr?« Nur einer kann das echte Volk repräsentieren, seinen Willen kennen, der von den liberalen Eliten unterdrückt und belächelt wird. Die Protagonisten des autoritären Traums wissen, dass sie das echte Volk vertreten und dass jeder, der mit ihnen nicht einer Meinung ist, implizit ein Verräter ist, volksfremd, dekadent, gekauft, verkommen.

Die Bedrohung durch den äußeren Feind wird durch diese innere Bedrohung noch verstärkt, zumal die inneren Feinde dabei sind, Land und Volk die Seele herauszureißen und sie durch eine globalisierte Zombie-Seele zu ersetzen, die freie Menschen zu Hörigen des globalen Kapitalismus macht. Besonders nach 1968 haben die liberalen Eliten, von Bannon als nihilistische Atheisten charakterisiert, die traditionellen Parteien und Medien unterwandert, die Universitäten quasi im Handstreich genommen, die Geschichte umgeschrieben, traditionelle Wertvorstellungen lächerlich gemacht und die gesellschaftliche Ordnung beschädigt. Im postkolonialen Kontext wird dieses Feindbild ersetzt durch westliche Einflüsse und einheimische Eliten, die sie würdelos nachäffen.

Widerspruch gegen die liberalen Werte und die Diktatur der Neunmalklugen, so heißt es weiter, ist fast unmöglich, denn sie haben Sprachregelungen eingeführt und sogar einzelne Wörter ganz neu definiert. Wer ein Wort benutzt, das noch vor kurzem völlig normal war, gilt jetzt als Rassist und potenzieller Vergewaltiger. Jede Unmutsäußerung wird sofort und mit moralischer Entrüstung als Vorurteil und Bigotterie interpretiert, der Vorwurf des Rassismus oder Sexismus lauert überall, eine hocheffiziente sprachliche Überwachungstaktik.

So schafft der autoritäre Traum seine alternativen Fakten, seine eigene Sprache ohne *political correctness*, frei von liberalen Lügen vom Klimawandel. Wissenschaft kann sich auch irren, kann Propaganda sein. Durch das Internet kann diese Botschaft die Herrschaft der etablierten Medien brechen und sich endlich Gehör verschaffen. Sogenannte Fakten werden mit größter Skepsis betrachtet, schließlich sind die Experten, die sie liefern, selbst Teil der Elite. Bildung steht von vornherein im Verdacht, einfache Menschen auszuschließen und ein Instrument der Macht zu sein. Eine Terroristengruppe hat ihre Bildungsfeindlichkeit sogar zu ihrem Namen gemacht: Boko Haram – Bücher sind unrein.

Das öffentliche Leben aber wird von der dekadenten Elite dominiert. Inzwischen wachsen Generationen von Kindern mit völlig irrigen Moralvorstellungen auf und wissen nicht mehr, wie eine traditionelle Familie aussieht. Das Volk löst sich auf – von innen und von außen. Die Migration in die reichen Länder ist Teil einer großen Strategie des Bevölkerungsaustauschs, die traditionellen, autochthonen Bewohner der Städte werden von kriminellen Migranten und internationalen Eliten immer mehr aus den Zentren an die Peripherie verbannt, sie fühlen sich nicht mehr zu Hause im eigenen Viertel. Gleichzeitig fordern die international vernetzten Eliten Offenheit, Flexibilität und Toleranz. Sie können sich das leisten. Immer mehr dieser Eliten leben in anderen Stadtteilen, in vielen Ländern sogar in bewachten Gebäuden und *gated communities*. Sie leben fernab der sozialen Realität.

Vor Bannon, der seine Karriere als Banker bei Goldman Sachs begann, bevor er nach Hollywood wechselte, hat der globale Kapitalismus keine Geheimnisse. Er weiß, wie besonders Ayn Rands Evangelium der herrlichen Erbarmungslosigkeit und die Kommodifizierung von Menschen durch einen seelenlosen Marktmechanismus tiefe Spuren der Zerstörung in der amerikanischen Gesellschaft und in Individuen hinterlassen können. Schuld daran ist die Tatsache, dass der Kapitalismus seine jüdisch-christlichen, ethischen Wurzeln vergessen hat und ganz zur Geldmaschine verkommen ist.

Das ist auch eine Folge der Globalisierung, die ehrlichen Arbeitern ihre Existenz raubt und die Millionäre (zu denen übrigens Bannon selbst gehört) noch reicher macht. Sie ist der Beweis, dass das System im Kern korrupt ist: Verluste werden den Steuerzahlern zugemutet wie bei der Bankenrettung, Profite wandern in die Taschen von Superreichen. Die globalisierte Wirtschaft bietet ihrem Geld zahlreiche Schlupflöcher und lukrative Investitionen, während sie für die einfachen Bürger nur bedeutet, dass Jobs bedroht sind, Löhne stagnieren und immer mehr Migranten nicht nur Jobs beanspruchen, sondern zusätzlich großzügige staatliche Unterstützung in Anspruch nehmen und Traditionen und religiöse Überzeugungen mitbringen, die mit christlich-jüdischen Werten nicht vereinbar sind.

Besonders die Blindheit und der Zynismus der liberalen Eliten machen diese Situation zur unmittelbaren Gefahr. Irgendwann werden die ersten Städte in Europa – vielleicht in Frankreich oder Belgien – die Scharia ausrufen, Frauen steinigen und Abtrünnige auf dem Marktplatz köpfen. Schon jetzt dominieren ihre Minarette die Silhouette vieler Stadtteile, und die fortwährenden terroristischen Provokationen in europäischen Städten schaffen ein Klima der Angst und des Hasses. Niemand darf sich wundern, wenn irgendwann Unruhen ausbrechen, einzelne Politiker sprechen schon von künftigen Bürgerkriegen in Europa.

Was also ist die Lösung in dieser scheinbar ausweglosen Situation, in der das eigene Volk seiner Kultur beraubt und nicht nur moralisch verwirrt, sondern durch die schiere Macht der Zahlen sogar ethnisch und sprachlich zur Minderheit im eigenen Land wird? Wie kann das Volk vor seiner biologischen, kulturellen und spirituellen Zerstörung bewahrt werden?

Die Antwort ist einfach und wurde während der US-Präsidentschaftswahl 2016 immer wieder skandiert: »*Build that wall!*« Nur hinter einer Mauer, einem Zaun, einem tiefen Graben, einem Ozean ist man sicher vor der Invasion, vor den barbarischen Horden, die entweder aktiv versuchen, das eigene Volk zu zerstören, oder durch ihre bloße Anwesenheit zu dieser Zerstörung beitragen.

Erst wenn die Mauer haushoch ist und die Grenzen dicht, ist die schlimmste Gefahr gebannt. Wenn es bis dahin noch nicht zum von Bannon prophezeiten apokalyptischen Krieg gekommen ist, kann dann die Reinigung des Landes und des Volkes beginnen, um die Gesellschaft wieder auf natürlichen, gesunden, traditionellen Wertvorstellungen zu begründen.

Das wird nicht ohne Konflikte abgehen, argumentieren Unterstützer der konservativen Rebellion. Besonders der Einfluss des Islam muss zurückgedrängt werden. Ein Koranverbot wird in mehreren Staaten ebenso thematisiert wie ein Verbot von Kopftüchern. Europäische Länder wie Polen und die Tschechische Republik weigern sich, Flüchtlinge aufzunehmen, die Muslime sind, die USA lassen Menschen aus mehreren muslimischen Nationen nicht einreisen und bereiten die Ausweisung von Millionen von illegalen und überwiegend nichtweißen Migranten vor. Wenn diese Phase der großen Reinigung abgeschlossen ist, sind die liberalen Eliten dran.

Ziel dieser Revolte ist nichts weniger als eine Erneuerung des Volkes, der Gemeinschaft oder, in Bannons Worten auf der CPAC-Konferenz 2017, einem Treffen konservativer Aktivisten, »ökonomischer Nationalismus« und die »Dekonstruktion des administrativen Staates«. Nur wenn das liberale System mit Stumpf und Stiel ausgerottet wird, kann wieder eine echte Volksgemeinschaft wachsen. In Europa richtet sich der Hass von Bannons Mitstreitern vorrangig gegen die EU, die perfekte Repräsentantin eines bürgerfernen und bürokratisch-tyrannischen, liberalen Staates, der keinem Volk verbunden ist und zerstört werden muss.

Demokratie ist nützlich für diesen heiligen Zweck, wenn sie tatsächlich die Herrschaft des (echten) Volkes ist, aber die liberalen Medien machen das fast unmöglich. Deswegen ist es wichtig, sich auf die Grundlage der Demokratie zurückzubesinnen: die Volksabstimmung, *vox populi* ohne Einmischung vonseiten der Eliten. Um diese gesunde Demokratie zu erhalten, müssen gewisse liberale Freiheiten – die Obsession der gebildeten Städter – zumindest vorübergehend beschnitten werden. Wenn beispielsweise Pressefreiheit nur dazu missbraucht wird, liberale Lügen zu verbreiten, muss sie eingeschränkt werden. Wenn das Recht zur freien Meinungsäußerung dergestalt ausartet, dass Homosexualität als natürliche Lebensform propagiert wird, dann ist es dringend notwendig, sie zu kontrollieren, wie in Russland, wo »homosexuelle Propaganda« strafrechtlich verfolgt wird.

Der autoritäre Traum, der Traum von der Festung, richtet sich explizit gegen die Aufklärung. Vordenker wie der von Bannon zitierte Julius Evola und andere protofaschistische Autoren wie der ebenfalls von ihm geschätzte Franzose Charles Maurras, der Begründer des katholischen Nationalismus, vertraten mit großer Leidenschaft den Standpunkt, die Aufklärung sei eine maliziöse, jüdisch-freimaurerische Erfindung, um die stolzen, freien Christen Europas politisch und wirtschaftlich zu unterjochen und kulturell zu unterminieren.

Im Gefolge dieser Denker stellen intellektuelle Exponenten der konservativen Revolte, wie etwa der explizit rassistische und national-mystische russische Politologe und Kreml-Berater Alexander Dugin, einen diametralen Gegensatz zwischen der Aufklärung und den eigenen Ideen her. Wo die Aufklärung Rationalität fordert, gilt ihm die Authentizität als wichtiger, gegen den Universalismus steht ein entschlossener Nationalismus, die Toleranz wird zur Forderung nach nationaler Identität und Abgrenzung, wo die Aufklärung eine grenzenlose Weltgemeinschaft will, zieht sich der autoritäre Traum auf die nationale Gemeinschaft zurück. Während die Aufklärung über einen Großteil ihrer Geschichte den Fortschritt zum Fetisch erhob, versucht der autoritäre Traum eine ideale Vergangenheit wiederzubeleben. Der Soziologe Zygmunt Bauman nannte das sehr elegant eine Retrotopie.

In der Retrotopie wird jedes Volk, das klug genug war, diesen Weg zu wählen, seine Souveränität zurückgewinnen und sich im Einklang mit seinen Traditionen und seiner kulturellen Identität selbst bestimmen.

Es wird eine echte Gemeinschaft sein, die den Einzelnen Zugehörigkeit und Geborgenheit bietet, ein Leben im Einklang mit Gottes Willen, der kulturellen Tradition, den Gesetzen der menschlichen Natur. Die Menschen werden endlich ihr Land zurückbekommen, die Kontrolle über ihr Leben.

Bis sie aber diesen Idealzustand erreichen, werden sie kämpfen müssen, gegen liberale Eliten, neokoloniale Einflüsse, globalisierte Industrien, gierige Oligarchen, fanatische Islamisten, gegen alle Muslime oder alle Ungläubigen, gegen die Lügenpresse, die Volksfeinde, die Fressfeinde, die Dekadenz. Es wird ein großer Kampf. Schon jetzt werden überall die Streitkräfte aufgestockt.

DIE KRISE DER BEGRIFFE

Jedes der in dieser Skizze vorgebrachten Argumente stammt aus dem Mund oder der Feder eines rechtspopulistischen oder nationalistischen Politikers, Journalisten oder Akademikers. Dabei wird nicht nur deutlich, warum die autoritäre Erklärung so attraktiv sein kann, sondern auch, warum die etablierten politischen und kulturellen Kreise ihr gegenüber lange Zeit wie gelähmt war. Alte Bezeichnungen und politische Antagonismen wie rechts und links, religiös und säkular, reiche Welt und arme Welt, liberal und sozial, konservativ und progressiv sind fast bedeutungslos geworden und versagen völlig, wenn sie diese globale Bewegung fassen sollen.

Der autoritäre Traum verbindet Elemente von rechts und links, wie es auch historisch gesehen schon der Faschismus und der (nicht umsonst so benannte) Nationalsozialismus taten:

Während die nationalistischen und rassistischen Elemente dieses Denkens eher der Rechten zugeordnet werden, gehören die oft sehr großzügigen Sozialprogramme etwa in Polen und Ungarn und die keynesianischen Investitionen in die Infrastruktur, wie sie jetzt in den USA diskutiert werden, eigentlich zum klassischen Repertoire der Linken, von der auch die Kapitalismuskritik entlehnt ist.

Diese neue politische Gemengelage führt, wie Ljudmila Ulitzkaja sagte, zu einer »Krise der Begriffe«, in der niemand mehr weiß, was gemeint ist, in der niemand mehr Worte hat, um zu beschreiben, was gerade geschieht. Hinzu kommt, dass die selbsterklärten Rebellen von den liberalen Eliten gelernt haben. Sie bekämpfen die liberalen Sprachregelungen, indem sie sie ignorieren, brechen und unterwandern.

Wenn ein amerikanischer Präsidentschaftskandidat mit seinen sexuellen Übergriffen prahlt und die Bewohner eines Nachbarlands als Drogendealer und Vergewaltiger bezeichnet, dann beleidigt er damit nicht Frauen und Mexikaner, sondern er zeigt dem entrüsteten liberalen Establishment den Mittelfinger – zur ekstatischen Freude seiner Anhänger, die zu eingeschüchtert waren, um öffentlich dasselbe zu tun. Wenn der russische Präsident behauptet, die russischen Soldaten auf der Krim seien entweder keine russischen Soldaten oder auf Urlaub dort, dann erwartet er nicht, dass ihm geglaubt wird, vielmehr will er, dass Fakten irrelevant werden. Er lügt, wie die Journalistin Masha Gessen über ihn schrieb, um »Macht über die Wahrheit selbst zu demonstrieren«.

Die historische Parallele zum Faschismus drängt sich auf, ist aber nicht unbedingt hilfreich, zumal der autoritäre Traum in verschiedenen Kontexten unterschiedliche Formen annehmen kann. Zunächst die Gemeinsamkeiten: Das völkische Element dieser Nostalgie und die Idee einer Rückkehr in eine heroische, von der Zerstörungskraft der Moderne unberührte Zeit der nationalen Unabhängigkeit und kulturellen und ethnischen Reinheit sprechen eine durchaus faschistische Sprache, wie auch das Heraufbeschwören eines Endkampfes. Einige Autoren, Bannon gehört zu ihnen, aber auch die Theoretiker der islamistischen Revolution, entwickeln das apokalyptische Szenario einer historischen Schlacht, die nur die Getreuen nach großen Opfern siegreich überstehen können.

Auch andere strukturelle Ähnlichkeiten sind deutlich zu erkennen: der (mehr oder minder ausgeprägte) Führerkult etwa, der sich im Falle von westlichen rechtspopulistischen Bewegungen in der Konzentration auf eine Person an der Spitze äußert, die Mobilisierung der Massen (heute vor allem über das Internet), das Designieren eines äußeren und inneren Feindes sowie die Art dieses Feindes, nämlich, um uns der Terminologie der Nazis zu bedienen, »Untermenschen« einerseits und das wurzellose internationale Kapital (Goebbels) andererseits beziehungsweise die dunkelhäutigen Migranten, deren Kultur einfach anders ist, und der »internationalistische Kapitalismus der Korporationen« (Bannon). All das verbindet die Propheten der Festung ebenfalls mit dem Faschismus. Die Wahl der Feinde unterstreicht aber nicht nur eine historische, sondern auch eine andere, noch viel wichtigere Verbindung.

In den 1930er Jahren wäre es selbstverständlich gewesen, die Juden als designierten Feind Nummer eins aller faschistischen Bewegungen zu sehen, während das bei ihren autoritären Pendants heute nur selten (bei den islamischen und islamistischen Vertretern allerdings durchgehend) der Fall ist. Zu den heutigen Feinden gehören jedoch abgesehen von den »Untermenschen« immer auch liberale Globalisierer, korrupte Eliten und lügende Medien.

Eine weitere, diesmal nicht ideologische Verbindung zwischen Festungsdenken und Faschismus bringt uns auf eine andere Spur und ermöglicht vielleicht ein besseres Verständnis. Die Wählerinnen und Wähler, die diese Bewegungen getragen haben, sind trotz der zwei Generationen, die zwischen ihnen liegen, soziologisch gesehen erstaunlich ähnlich. Die Wähler faschistischer Führerfiguren in den 1930er Jahren in Europa und in den 2010er Jahren weltweit kommen überwiegend nicht aus den Rängen der ganz Armen oder der urbanen Mittelschicht. Von den USA über Europa bis nach Russland und in die Türkei stammen die Anhänger der Revolution aus dem Kleinbürgertum und der ehemaligen, jetzt in der Dienstleistung beschäftigten und nominell der Mittelklasse zugehörigen Arbeiterschaft, einer aufsteigenden, ängstlichen Klasse. Die Bewunderer der autoritären Revolte haben etwas zu verlieren, und sie empfinden diesen möglichen Verlust als unmittelbare Bedrohung. Sie sind keine Neoliberalen, keine Globalisierer – die Globalisierung und die internationalen, keinem Volk verpflichteten Banken haben sie ihre Jobs gekostet, haben die Migration gebracht und das Land verändert und korrumpiert.

Faschismus ist historisch klar beschrieben und definiert, ein Wort, das ganz einfach sinnlos wird, wenn es wahllos auf jede national-populistische Bewegung angewendet wird. Zumal beim autoritären Traum auch Motive eine Rolle spielen, die ihn vom historischen Faschismus unterscheiden. So will er zum Beispiel keinen Ständestaat und ist nicht militaristisch und hierarchisch organisiert. Nicht jeder, der auf einer Wahlkampfveranstaltung Slogans skandiert, ist ein Faschist, nicht jeder Anführer ist ein Hitler – nur Hitler war Hitler.

Gleichzeitig deuten die Parallelen zum Faschismus eine interessantere Familienähnlichkeit an. Es ist wesentlich konstruktiver, den Nationalpopulismus nicht als eine Art Faschismus anzusehen, sondern zu erkennen, dass beide aus demselben Holz geschnitzt sind. Wenn man diesem Stamm bis an die Wurzeln folgt, zeigt sich ein größeres Phänomen: die Rebellion gegen die alles zermalmende Moderne.

DIE STIMME DER NATUR

Diese Rebellion ist tatsächlich eine Schwester der Aufklärung, und sie beginnt mit einem erbitterten Streit zwischen zwei brüderlichen Freunden, Jean-Jacques Rousseau und Denis Diderot. Persönliche und intellektuelle Fragen vermischen sich in diesem jahrelangen Disput, aber sie brachten Rousseau dazu, den aufgeklärten Idealen seiner Freunde zu misstrauen. Die Zivilisation, die Großstadt und die Unterdrückung aller Menschen gehören zusammen, räsonierte er, die Aufklärung befreit nicht, sondern entfernt die Gesellschaft mit ihrer kultivierten Kompliziertheit nur immer weiter von ihrer ursprünglichen Tugend und versklavt sie gleichzeitig durch Mode, gesellschaftliche Anerkennung und Lohnarbeit. Die kalte Rationalität der Philosophen erstickt die edlen Gefühle und die Freiheit der Natur im Keim.

Rousseaus Aufklärungskritik war origineller und mächtiger als das reaktionäre Dröhnen der Gegenaufklärer, die oft genug von der Kirche oder der Geheimpolizei finanziert wurden. Sie legte ihren Finger in eine offene Wunde des aufgeklärten Denkens – die Gewalt, die jeder Idee von kollektiver Transformation und auch dem Fortschrittsgedanken innewohnt. Gleichzeitig war Rousseau ein begnadeter Stilist, und die Romane, in denen er seinen Hass auf seine Zeit und seine Sehnsucht nach einer besseren Welt dramatisierte, wurden zu Bestsellern und Kultbüchern, die in jedem gebildeten Haushalt Europas und

Amerikas gelesen und diskutiert wurden. So wurde der Autor zum Schutzpatron der Zivilisationskritik, der Romantik und später der Umweltbewegung sowie des Protestes der 68er-Bewegung. Diese kurze Ahnenreihe ist nicht vollständig. Auch Robespierre, Lenin, Stalin und Pol Pot verehrten den Genfer Philosophen, was die Frage aufwirft, was sie in einem Romantiker und Naturapostel sahen, der leidenschaftlich über die Freiheit des Menschen und das Leben nach der Natur geschrieben hatte. Die Antwort liegt, wie immer, im Detail und offenbart sich besonders deutlich in einem der meistgeliebten und meistzitierten seiner Werke, dem *Gesellschaftsvertrag*, dessen Argumentation in etwa folgendermaßen lautet:

Der Mensch ist von Natur aus weder gut noch schlecht, seine Umstände machen ihn zu dem, der er ist. Eingebunden in eine Gemeinschaft, kann er seine gewalttätigen Instinkte bezähmen und so zum Guten streben, zu dem die Natur ihn hinführt und das sich als der Allgemeine Wille *(volonté générale)* der Gemeinschaft manifestiert. Die Stimme der Natur und der natürlichen Moral wird allerdings übertönt durch das Geschnatter der Gesellschaft, das Gezeter verschiedener Fraktionen und das Getöse der politischen Macht. So verlieren die von der Zivilisation verweichlichten Menschen in komplexen Gesellschaften ihren moralischen Kompass und werden dekadent, böswillig und leer. Der Allgemeine Wille wird fehlgeleitet.

Dieser Zustand lässt sich nur bekämpfen, indem ein weiser Gesetzgeber die Führung der Gesellschaft übernimmt, der die Stimme der Natur noch klar hören kann und der die verwirrten Individuen leitet und ihnen wieder eine klare Orientierung gibt, damit sie im Einklang mit der Natur leben können. Um Gemeinschaft zu stiften, wird eine Staatsreligion verfügt, deren Rituale aus Individuen ein Ganzes machen. Um zu verhindern, dass das Volk von perversen Ideen irregeleitet wird, regiert der weise Gesetzgeber durch Zensur, durch Verbannung der Volksverhetzer, durch eine Geheimpolizei, die ihm Informationen zuträgt, und, wenn alle anderen Mittel versagt haben, durch die Hinrichtung derer, die sich keines Besseren belehren lassen. So und nur so kann eine Gesellschaft das Leben im Einklang mit dem Allgemeinen Willen wiederfinden, das die Natur von alters her für sie dekretiert hatte.

Diese umfassende Zurückweisung liberaler und universeller Werte, der aufgeklärten Vernunft, der Pluralität, der Toleranz und des Lebens in den Städten überhaupt fand einen starken Widerhall bei Generationen von Lesern, die am eigenen Leib die Entwurzelung und auch die zerstörerische Kraft der Industrialisierung erlebten und sich häufig tatsächlich aller moralischen Orientierung beraubt fühlten. Außerdem bot diese Haltung eine echte Alternative zu den religiösen Konservativen und den rationalistischen Aufklärern, deren Argumente die Debatte bestimmten.

Dies war eine rebellische Haltung, deren Sexappeal darin lag, dass sie die Debatten der industriellen Revolution und der Aufklärung von vornherein als befangen und dekadent disqualifizierte, im festen Wissen, allein im Besitz der Wahrheit zu sein, die durch die Stimme der Natur zu ihr sprach. Eine Debatte war hier nicht mehr möglich und gar nicht gewollt: Anders als der Markt mit seinem dauernden Geschnatter unterschiedlicher Meinungen vertraten Rousseau und seine Jünger eine absolute, tiefe Wahrheit, die auch nur anzuzweifeln bereits ein Zeichen von Dekadenz oder sogar Häresie sein konnte.

Rousseau wurde zum heimlichen Star all derer, die sich als Rebellen gegen das korrupte Establishment empfanden, besonders aber derer, die sich selbst in der Rolle des weisen

Gesetzgebers und Hüters des Allgemeinen Willens sahen.

Diese Interpretation, die letztendlich besagt, dass Rousseau die Baupläne und die Rechtfertigung des Stalinismus lieferte, mag einer falschen oder eindimensionalen Lesart seiner Werke geschuldet sein, aber trotz seines naiven und spontanen stilistischen Gestus schliff der Autor an jedem Satz und jedem Wort, um den größtmöglichen rhetorischen Effekt zu erreichen. Ein Denker des 18. Jahrhunderts konnte sich nicht vorstellen, welche Albträume durch die Technologien des 20. Jahrhunderts Realität werden würden, aber er war unzweifelhaft ein immens einflussreicher und stilistisch brillanter Theoretiker der autokratischen Gesellschaften, der Rückkehr zum Naturzustand, der Herrschaft durch einen weisen Führer, der gelenkten und medial manipulierten Volksdemokratie und der Infrastruktur an repressiven Mitteln, die nötig waren, um ihren Machterhalt zu sichern.

Nach heutigem medizinischen Verständnis war Rousseau zudem mit großer Wahrscheinlichkeit paranoid. Nachdem er das mittlere Alter erreicht hatte und trotz seines literarischen Erfolgs unzufrieden mit seinem Leben war, verließ er Paris und zog aufs Land, in ein kleines Haus, das eine Freundin ihm in ihrem Park zur Verfügung stellte. Dort lebte und schrieb er, sah sich ständig verfolgt, legte jede noch so freundschaftliche Geste als Angriff auf sich aus, glaubte das Opfer ausgedehnter Verschwörungen zu sein und brach mit allen, die ihm helfen wollten, oft indem er sie öffentlich denunzierte.

Diese paranoide Intensität findet sich auch in Rousseaus Texten wieder und verschmilzt dort mit einem anderen, verwandten Einfluss: den obsessiven religiösen Zweifeln und sexuellen Schuldgefühlen des Autors. Die imaginäre Welt Rousseaus ist religiös aufgeladen und schlägt bei jeder Berührung Funken. Während sein ehemaliger Freund Diderot als

Herausgeber der *Encyclopédie* an einem der größten Wissens- und Aufklärungsprojekte arbeitete (ein Projekt, dessen musikalischer Experte ursprünglich Rousseau gewesen war), hatte Rousseau sich von der Welt abgewandt, weil er sie als zutiefst verdorben erkannt hatte.

Rousseaus einsame Revolte gegen die beginnende Moderne – die Hauptstadt mit ihren eleganten Gesellschaften, wimmelnden Straßen und Märkten und ihren Salons, in denen er sich immer weniger zu Hause fühlte, aber auch die gesamte zivilisierte Welt und all ihre Errungenschaften – war mehr als eine persönliche Geste. Als Inspiration wirkte sie durch jedes verkaufte Exemplar seiner Bücher, und darin liegt ihre Wirkungskraft: Es war eine Revolte gegen die Moderne, aber mit den Mitteln der Moderne. Es war Rousseau nicht genug, sich aufs Land zurückzuziehen und dort fern der dekadenten Welt zu leben – er kommunizierte ständig und unter Verwendung der modernsten Informationstechnologie seiner Zeit, dem Buchdruck.

Wie ein islamistischer Terrorist, der eine Bombe per Handy zündet und ein Video seiner Tat ins Netz stellt, um so in die ideale Welt des 7. Jahrhunderts zurückzukehren, suchte der Vater der konservativen Revolution nicht nur eine breite Öffentlichkeit für seine Ideen, er tat es mithilfe des effizientesten Massenmediums seiner Zeit, und er war dabei innovativ, indem er in einer literarischen Welt, die ganz auf den Wert der Vernunft fokussiert war, seine eigene bohrende Aufmerksamkeit auf seine Leidenschaften und Gemütszustände richtete. Er emotionalisierte seine Botschaft. Dabei log er auch häufig über Details aus seinem eigenen Leben. Wenn die Bücher einmal gedruckt waren und wenn ihre Geschichte die Herzen der Leser bewegte und ihren Zorn aufwallen ließ, waren sachliche Spitzfindigkeiten unwesentlich geworden. Heute wäre der rastlose Narzisst und Apokalyptiker Rousseau, wenn er regelmäßig seine Medikamente einnehmen würde, vielleicht Herausgeber einer rechten Nachrichtenseite.

ANATOMIE EINER REVOLTE

Die Revolte gegen die Moderne kanalisiert soziale Ängste und gießt sie in ein manichäisches Schema von Gut und Böse, Licht und Dunkel. Es ist die Veränderung selbst, die sie ablehnt, die sozialen und politischen Nebenwirkungen des technologischen Fortschritts. Sie will die Warenströme der Globalisierung ohne die Menschenströme, die technologischen Innovationen der Wissenschaft ohne ihre unbequemen Fakten; es ist bezeichnend, dass Bannon während seiner Videobotschaft im Vatikan unter den Bedrohungen der Zukunft den Klimawandel nicht mit einem Wort erwähnte. Die Moderne soll gezähmt werden, soll Wohlstand ohne gesellschaftliche Veränderung schaffen. Man will zurück in Zeiten, in denen noch eine natürliche Ordnung herrschte, in denen wir noch selbst bestimmen konnten, in denen unser Land und unsere Straßen noch uns gehörten, in denen es noch Anstand gab, in denen die Eliten sich nicht auf Kosten der anderen bereichern und sie dann auch noch verachten.

Diese soziale Anatomie der Rebellion ist historisch bemerkenswert stabil. Es ist die Auflehnung der *petits bourgeois*, derjenigen, die gerade einen oder zwei Schritte jenseits der Schwelle zur Armut stehen, die ihre unsichere Position in ihren Knochen spüren. Hier liegt auch die Parallele zum Aufstieg der faschistischen Bewegungen im Europa der Nachkriegszeit begründet: Auch sie wurden gewählt von einer Allianz aus ängstlichen Kleinbürgern, desillusionierten und vor allem arbeitslosen Industriearbeitern und ländlichen Konservativen. Die radikale Rechte hatte bereits eine bemerkenswert paradoxe Einstellung zur industriellen Moderne. Sie nutzten in ihren Propagandafilmen und grandiosen Masseninszenierungen die modernste Technologie, wie es niemand vor ihnen verstanden hatte, sie waren stolz auf den Wiederaufbau ihrer Industrie, den Volkswagen und die sprichwörtlichen Autobahnen – und doch stand im Zentrum ihrer Ideologie eine radikale Zivilisationskritik, welche die Verantwortlichen für die Dekadenz des ehemals stolzen Volkes klar benannte: eine wurzellose Moderne in Gestalt des internationalen Großkapitals (also der Juden), der Medien (wieder die Juden), der kosmopolitischen Kulturelite (noch einmal die Juden), des Diktats von Versailles (eine nationale Demütigung, an der Juden nur indirekt beteiligt waren) und der Horden von Untermenschen (osteuropäische Juden, ja, aber auch, in absteigender Ordnung, alles, was nicht »rassisch rein« und dem Volk zugehörig war).

Die Juden wurden zum Ziel der nationalsozialistischen Hasspropaganda gemacht, weil sie besonders sichtbar mit den transformativen Mächten der Moderne assoziiert wurden. In der Propaganda wurde ihr Aufstieg in der Gesellschaft nach Verleihung der vollen Bürgerrechte (in Österreich-Ungarn 1867) mit der Verstädterung, der Industrialisierung, der Zerstörung ländlicher Lebensweisen und dem verdorbenen Leben in den Städten gleichgesetzt.

Die heutige antimoderne Revolte hat den Antisemitismus nicht mehr nötig, auch wenn er einigen ihrer Exponenten nachhängt wie ein schlechter Geruch. Er ist heute eher ein privates Hobby, Rechtspopulisten aus ganz Europa besuchen die Gedenkstätte Yad Vashem und zeigen Betroffenheit. Mit Ausnahme islamischer autoritärer Bewegungen, die ihren virulenten Antisemitismus über die Existenz des Staates Israel und damit über eine imperialistische Demütigung der arabischen Welt rechtfertigen, ist der Feind der Feinde der Moderne längst ein anderer geworden, genauer: eine Versammlung von Anderen, je nach geopolitischer Lage und nach den Empfindlichkeiten des kollektiven historischen Gedächtnisses.

Der Motor der rechten Rebellion war der Hass der Kleinbürger, die sahen, wie die Moderne in Form der industriellen Massenproduktion und der Massenkultur nicht nur ihren Lebensunterhalt als Ladenbesitzer, kleine Handwerker, niedere Beamte oder mittellose Lehrer bedrohte, sondern auch ihre Traditionen und Gewohnheiten zerstörte und ihre Arbeit nicht achtete. Der Motor der gegenwärtigen Rebellion ist wohl dieselbe Mischung aus Angst und Hass, aber die politische und besonders die technologische Situation ist eine andere als in den 1930er Jahren. Die Digitalisierung bedroht in unmittelbarer Zukunft und in Kombination mit Praktiken wie Outsourcing und Subunternehmer-Verträgen Jobs und Lebensweisen wesentlich weiter die soziale Leiter hinauf, bis hinein ins Bürgertum.

Die Koalition derer, die eine antimoderne Revolte wollen, ist breiter geworden. Sie besteht potenziell aus all jenen, die das Gefühl haben, dass sich »das System« gegen sie gewendet hat, dass mit ehrlicher Arbeit nichts mehr zu erreichen ist, dass ihre Arbeit nicht mehr gebraucht wird, dass die erwirtschafteten Profite in zu wenigen Taschen verschwinden, dass das Tempo der Veränderung zu rasant ist.

Als rechte Regime nach dem Ersten Weltkrieg Europa in eine Landschaft der Diktaturen verwandelten, hatten die Menschen, die sie gewählt hatten, oft genug nicht nur keine Arbeit, sondern auch keine Ersparnisse, keine Perspektive – und immer häufiger nichts zu essen. Die Gesellschaften der Gegenwart sind wesentlich wohlhabender, als sie es damals waren. Aber wie der ehemaliger Banker Stephen Bannon nur zu gut weiß, werden globale Finanzmärkte heute weiter dereguliert, und das Niveau der völlig unabgesicherten Spekulationen ist 2017 wesentlich höher, als es 2007 war. Der Weg in die globale Weimarer Republik führt durch einen neuerlichen Börsencrash.

HIRNGESPINSTE

Die freiheitliche Ordnung lebt von kulturellen
und mentalen Voraussetzungen,
die sie selbst nicht garantieren kann.

RENÉ SCHEU, NZZ

Der kurze Vergleich der beiden ideologischen Familien, zwischen denen die Debatten der Gegenwart ausgetragen werden, zeigt nicht nur die Nutzlosigkeit alter politischer Begriffe (und damit vielleicht auch die Zukunftslosigkeit der mit diesen Begriffen verschweißten Parteien), er macht auch deutlich, dass weder die Idee der Gesellschaft als Markt noch die der Gesellschaft als Festung demokratisch oder den Kernideen der Aufklärung verpflichtet sein muss. Nicht nur eine Volksgemeinschaft hinter einer hohen Mauer, sondern auch ein absoluter Markt in einer Welt, die nur noch für das Kapital grenzenlos ist, hat die Tendenz, Menschenrechte zu missachten, Freiheiten einzuschränken, Gleichheit zu unterwandern und Brüderlichkeit vom Besitz einer Geburtsurkunde beziehungsweise einer Kreditkarte abhängig zu machen.

Der Politologe Yascha Mounk beschreibt das Dilemma als einen Gegensatz zwischen »illiberaler Demokratie« (so Viktor Orbán über sein politisches Modell) auf der einen Seite und »undemokratischem Liberalismus« auf der anderen. Gegen die autoritäre, gelenkte Abstimmungsdemokratie, durch die sich auch Autokraten gerne regelmäßig im Amt bestätigen lassen, steht die Herrschaft der Eliten, der von niemandem gewählten und nicht abwählbaren Experten, die hinter verschlossenen Türen agieren. »Die Leute haben genug von Experten«, lautete der unvergessliche Ausspruch des britischen Politikers und Brexit-Befürworters Michael Gove, und er hatte auf gewisse Weise Recht.

Yascha Mounk forscht in Harvard in den USA, einem Land, das sich in ein politisches Labor verwandelt hat. Er beschäftigt sich mit Einstellungen zur Demokratie und stellt dabei enorme Veränderungen fest. Immer mehr Menschen in demokratischen Staaten sind immer weniger überzeugt, dass Demokratie die beste Staatsform für sie ist. Bis jetzt war es Konsens, dass »demokratische Konsolidierung«, während der ein Staat den gesamten Apparat einer Demokratie entwickelt, eine Einbahnstraße ist. Tatsächlich aber koinzidiert die Konsolidierung von Demokratien zuerst im Westen und dann weltweit mit dem enormen wirtschaftlichen Boom der Nachkriegszeit, mit der Entwicklung von Konsumgesellschaften und der scheinbar endlosen Verfügbarkeit von billigem Erdöl.

Es gibt keinerlei empirische Daten über das Schicksal liberaler Demokratien während einer lange anhaltenden Wirtschaftskrise, in der das Wirtschaftswachstum gestört oder gar umgekehrt wird. Demokratische Gesellschaften waren in der Vergangenheit stabil, »weil sie fähig waren, die Wähler von ihren Vorteilen zu überzeugen«. Was aber passiert, »wenn viele ihrer Bürger nicht mehr glauben, dass dieses Regierungssystem besonders legitim ist, und so weit gehen, Unterstützung für autoritäre Herrschaftsformen zu zeigen«?

Die Möglichkeit einer liberalen, menschenrechtsbasierten Demokratie hängt davon ab, ob eine ausreichend große Mehrheit von Bürgerinnen und Bürgern sich und die eigenen Interessen mit diesen Idealen identifiziert. Der Anthropologe und

Terrorismusforscher Scott Atran bringt einen ähnlichen Gedanken auf eine wesentlich prägnantere Formel: »Demokratie ist genauso fiktional wie jede Religion.«

EINE GEMEINSAME FIKTION

Demokratie ist kein Naturzustand, keine historische Notwendigkeit, im Gegenteil, sie ist im höchsten Maße unnatürlich und zufällig. Sie zu erhalten ist harte Arbeit. Liberale Demokratien mit allgemeinem, freiem und gleichem Wahlrecht haben (von einigen Ausnahmen in den Pioniergesellschaften des späten 19. Jahrhunderts abgesehen) ihren ersten Auftritt im Rampenlicht der Geschichte erst in der Nachkriegszeit. In Frankreich beispielsweise bekamen Frauen das Wahlrecht 1947, in der Schweiz 1971 (wenngleich der Kanton Appenzell bis 1992 durchhielt). In Ländern wie Griechenland, Portugal und Spanien kam die Demokratie spät, im östlichen Europa erst nach 1989, in Russland vielleicht nie wirklich; ältere Afroamerikaner in den USA und Aborigines in Australien können sich noch persönlich an die Zeit erinnern, bevor sie volle Bürgerrechte hatten.

Es ist der alte Hegel, der die Sicht auf diese Tatsache verstellt, und hinter ihm die Bibel. Der Fortschrittsgedanke hat sich eingenistet in Hirnen und historischen Werken, der unaufhaltsame Weg der Revolutionen zur vollen Befreiung der Menschen. Man könnte diese Geschichte auch ganz anders erzählen, als Geschichte einer Spezies zum Beispiel, die sich und ihre Organisationsformen den Umständen anpassen kann, die in einer Zeit der steigenden, vom Erdöl angetriebenen Wirtschaftsleistung und des Bevölkerungswachstums so wohlhabend wurde, dass sie die Märkte zur zentralen Metapher erhob und sich eine stark regelbasierte, demokratische Struktur gab. Diese alternative Geschichte riecht unangenehm nach Petroleum und gar nicht nach humanistischen Idealen. Der Fortschrittsgedanke steckt tief in den Knochen. Was aber wäre, wenn John Gray Recht hätte, wenn wir noch immer dieselben Affen sind wie vor einigen tausend Generationen, nur mit viel größerem, gefährlicherem Spielzeug? Liberale Gesellschaften sind nicht Ziel und Endpunkt der Geschichte. Sie markieren ein Übergangsstadium zwischen einer Vergangenheit, die wir uns zu einer logischen Entwicklung umerzählen, und einer Zukunft, deren Gestalt wir noch nicht kennen, deren Fundamente aber längst gelegt worden sind oder von uns gelegt werden.

Liberale Demokratien im vollen Sinne des Wortes sind sehr rezenten Datums, und es gibt nur sehr wenige von ihnen. In den letzten Jahren ist ihre Zahl gesunken. Auch in den reichen, hochentwickelten Ländern aber haben sie als Gesellschaftsmodell dramatisch an Glaubwürdigkeit verloren.

Gleichzeitig wird, wie im letzten Kapitel beschrieben, die Koalition derer, die eine autoritäre Alternative unterstützen würden, immer größer. In mehreren von Yascha Mounk ausgewerteten Umfragen wurden Menschen verschiedener Altersgruppen in verschiedenen demokratischen Staaten gefragt, wie wichtig es ihnen sei, in einer Demokratie zu leben. Während ältere Menschen in Großbritannien, Frankreich, Australien, den Niederlanden und den USA zu etwa drei Vierteln antworteten, es sei ihnen sehr wichtig, lag die Zahl der positiven Antworten bei Menschen unter 30 nur noch, mit regionalen Abweichungen, bei etwa einem Viertel. Für Menschen, die die Alternative nicht am eigenen Leib erfahren haben, verliert die Demokratie dramatisch an Glaubwürdigkeit.

Und doch ist inzwischen für viele Menschen in reichen Ländern die Demokratie mit ihren Institutionen und ihrer öffentlichen Kultur so normal wie das Wasser aus dem Wasserhahn. Sie haben noch nie in einer anderen Gesellschaftsform gelebt und können sich kaum vorstellen, wie das wäre, es bleibt eine blasse und abstrakte Idee. Gelebte Normalität kann eine intellektuelle Falle sein, wenn man instinktiv anzunehmen beginnt, dass die Dinge so sind, weil sie so sein müssen, und nicht, weil sie zufällig so geworden sind und auch wieder anders werden können. Die Wasserhähne funktionieren nur, solange niemand die Wasserzufuhr abdreht.

Was also passiert, wenn Demokratie im Kern nichts anderes ist als eine frei erfundene und gegenfaktische Geschichte, die eine Gesellschaft sich über sich selbst erzählt und die in Form von Gesetzen, Gerichtsurteilen und Haltungen Wirklichkeit schafft – was passiert also, wenn nicht mehr genug Menschen in dieser Gesellschaft bereit sind, an diese Geschichte zu glauben?

Heute gehen viele Menschen selbstverständlich davon aus, dass Denker und Gesellschaften anderer Kulturen und historischer Perioden nur teilweise rational oder aufgeklärt waren, dass ihr Denken Etappen auf einer Suche nach der Wahrheit darstellt, die in unserer eigenen Zeit erst abgeschlossen wurde. Vielleicht ist es analytisch fruchtbarer, das Gegenteil anzunehmen. Was, wenn viele Denker der Geschichte, die Demokratie für unmöglich, Gleichheit für absurd und Freiheit für eine Illusion hielten – was, wenn sie Recht gehabt hätten? Was wäre, um präziser zu sein, wenn Demokratie eine Abweichung in der Geschichte der Zivilisationen darstellen würde, keine historische Notwendigkeit, sondern ein gewagtes Experiment mit offenem Ausgang?

Der Anfang dieses Experiments liegt in Debatten der Aufklärung und in sozialen Umständen, die besonders die Städter des 17. Jahrhunderts dazu veranlassten, eine alte Frage neu zu stellen. Diese Frage heißt: Wer gehört zu uns? Wer kann Teil unserer Gemeinschaft sein? Auch in der berühmten Athenischen Demokratie, die während des 4. Jahrhunderts vor unserer Zeitrechnung für eine Periode von etwa 70 Jahren bestand, durften nur athenische, frei geborene Männer wählen, was nicht nur alle Frauen ausschloss, sondern auch Fremde, unfrei Geborene und Sklaven, also den größten Teil der Stadtbevölkerung.

Solche restriktiven Definitionen eines Wahlvolks vereinfachen den demokratischen Prozess, aber sie behindern auf Dauer die Entwicklung, besonders wenn die betreffende Gesellschaft eine Handelsnation ist, deren steigender Wohlstand und Arbeitsmöglichkeiten Außenseiter anziehen. Ihnen den Zugang zur demokratisch geteilten Macht zu verweigern wird zunehmend als ungerecht wahrgenommen und schafft soziale Konflikte. Ihnen diesen Zugang zu gewähren, sie also zu vollen Bürgern zu machen, verursacht unweigerlich Veränderungen, die ihrerseits nostalgische Ablehnung vonseiten der Alteingesessenen zur Folge haben. Es gibt keine einfache Möglichkeit, diese Dynamik zu verhindern, sie ist dem Prozess inhärent und kann höchstens durch Verhandlung und Kompromisse weniger konflikthaft gemacht werden – besonders dann, wenn alle Mitglieder dieses Prozesses Grund zu der Annahme haben, dass sie eine gemeinsame Zukunft haben, dass die Kompromisse sich lohnen, weil die Summe ihrer Vorteile größer ist als die der Nachteile.

Auch der Niedergang des antiken Rom wurde durch eine solche Dynamik beschleunigt. Das Geniale am Imperium Romanum war, dass es seinen kolonialen Subjekten einen Weg zur vollen Bürgerschaft bot. So schuf das Reich eine international vernetzte Elite mit einer gemeinsamen Kultur und, durch Bildung, Luxusgüter und politische Teilhabe, bis zu einem gewissen Grad auch gemeinsamen Prioritäten. Die römische Republik florierte durch diese Offenheit, die unterworfene Völker nicht unnötig gegen sich aufbrachte und dauerhaft zu Todfeinden machte, sondern stattdessen durch Kooperation und Inkorporation die eigene Kultur in die ganze bekannte Welt verbreitete und daran auch noch verdiente.

Außer Steuern wurde von den neuen Bürgern nur eines gefordert: öffentlich bezeugter Respekt gegenüber der jetzt gemeinsamen römischen Kultur, der sich auch darin äußerte, dass alle Bürger römischen Gottheiten opfern mussten. Es ist wichtig, dieses Ritual als einen rein sozialen Akt zu verstehen. Niemand erwartete von römischen Bürgern, an bestimmte Dogmen oder die Existenz dieser Gottheiten zu glauben oder die eigenen Rituale darüber aufzugeben. Die Opfer waren ein Akt rein gesellschaftlich orientierter Frömmigkeit.

Die Idee, dass nicht nur Rituale, sondern auch Glaubensinhalte bindend sind und dass Ketzer bestraft und aus der Gemeinschaft verbannt werden müssen, kam erst mit den Juden und dann noch stärker den Christen auf, die auch deshalb in Rom zu Märtyrern wurden, weil sie sich aus missverstehender Überzeugung weigerten, den römischen Gottheiten zu opfern, um keinen Götzendienst zu verrichten. Sie weigerten sich zu akzeptieren, dass die Kohärenz der sonst so offenen und pluralistischen römischen Gesellschaft auch von dieser öffentlichen Ritualisierung der Gemeinsamkeit abhing.

Die römische Republik überlebte den Ehrgeiz ihrer Politiker nicht. Die römische Gesellschaft ging daran zugrunde, dass das Kaisertum zur ultimativen Trophäe muskulöser Söldnergenerale wurde, die sich zwar als Götter feiern ließen, die sich für Zusammenhalt und Wohlstand ihres Volkes aber nicht interessierten. Die Gemeinsamkeit verschwand.

Rom beschreibt den dauerhaften Niedergang einer Republik, deren ursprüngliche Stärke gerade in ihrer Offenheit lag, die aber später von Ehrgeiz und Gier überwältigt wurde und als bloße Gewaltherrschaft anderen Gewaltherrschern nichts mehr entgegenzusetzen hatte. Die Ideen der Republik waren verbraucht, nicht weil sie schlecht waren, sondern weil sich zu wenige Bürger noch mit ihnen identifizierten, weil sie ihre Interessen anderswo besser vertreten sahen.

Das ursprüngliche Erfolgsgeheimnis des Römischen Reiches war die Idee gewesen, jeden Menschen zum potenziellen Bürger zu machen, der römischen Republik und ihres wachsenden Reiches, weil es die Entstehung pluralistischer Gesellschaften ermöglichte, die durch gemeinsame Symbole zusammengehalten wurden. Ein Jahrtausend später, nach der Erfahrung der europäischen Religionskriege, begannen sich Intellektuelle erneut für diese Idee zu interessieren. Neue und weltweite Handelsnetzwerke, eine neue Wissenskultur, ein durch den Buchdruck geschaffener öffentlicher Raum und die steigende Bedeutung der urbanen Mittelschicht für den wirtschaftlichen und politischen Erfolg ganzer Gesellschaften machten es notwendig, die Machtverhältnisse innerhalb dieser Gesellschaften neu zu strukturieren.

Die Aufklärung bot eine Möglichkeit, den erwachenden Machtanspruch der urbanen Mittelschicht argumentativ zu untermauern: Wir sind alle gleich, alle frei, haben alle dieselben Rechte, jeder von uns muss die Möglichkeit haben, sein Leben zu gestalten und in der Gesellschaft eine Rolle zu spielen. Jeder Mensch hat ein Anrecht auf Respekt, unabhängig von seiner Religion, seinen Überzeugungen, seiner Herkunft. Gleichzeitig machte es das Zusammenleben von sehr unterschiedlichen Menschen möglich, solange sich alle, wie die Aufklärer argumentierten, an die Gesetze hielten, die die Vernunft diktierte und die im Allgemeinen Willen zum Ausdruck kamen.

Wie man sieht, hatte Rousseau am selben Becher genippt, mit einem wichtigen Unterschied. Sowohl die Aufklärer als auch ihr erklärter Feind argumentierten mit dem Allgemeinen Willen, der von der Gemeinschaft ausgedrückt wird. Statt der Vernunft stellte Rousseau aber die Natur ins Zentrum seines moralischen Denkens, deren Stimme im Gewimmel einer komplexen Gesellschaft nur von einem weisen Gesetzgeber gehört wird. Der Gesetzgeber definiert also, was die Natur fordert und was sie verabscheut, was wahr, was gut und was böse ist.

Die Vernunft der Aufklärer ist anders. Niemand besitzt sie, niemand hat die Autorität, als Einziger ihre Stimme zu interpretieren. Die Vernunft ist nur ein menschliches Potenzial. Ihr Inhalt entsteht durch rationale Auseinandersetzung, durch Argumente und Gegenargumente, durch wissenschaftliche Experimente und Entdeckungen, durch Gesetze als kontingenter Ausdruck eines Allgemeinen Willens. Die Vernunft braucht Pluralität, Rousseaus Natur verabscheut sie.

Der Schlüssel zum Entstehen der liberalen Demokratie liegt im Machtverzicht aller Beteiligten. Erst wenn alle Interessengruppen bereit sind, keinen Alleinanspruch auf die Macht innerhalb der Gesellschaft zu fordern, und wenn diese Vereinbarung in einem System reflektiert ist, das die Anhäufung von Macht verhindert und kontrolliert, kann eine pluralistische und regelbasierte Gesellschaft entstehen. Um es mit Rousseau und Diderot zu sagen: Sie müssen den Allgemeinen Willen als Gesetz anerkennen. Diese Bereitschaft ist davon abhängig, dass diejenigen, die diese Vereinbarung miteinander treffen, überzeugt sind, dass ihr Machtverzicht letztlich in ihrem Interesse ist, weil er ihnen mehr Sicherheit und mehr Möglichkeiten gibt, für sich selbst und ihre Familien ein gutes Leben aufzubauen.

Gegenwärtig sind sich immer mehr Menschen nicht mehr
sicher, ob sie diese Vereinbarung treffen sollen, ob sie ihre
Macht aus den Händen geben sollten, weil sie nicht mehr
überzeugt sind, dass diejenigen, die sie damit beauftragen, ihre
Interessen zu vertreten, das auch tun wollen oder können, und
weil sie merken, dass die gesellschaftliche Vereinbarung nicht
mehr eingehalten wird, dass sie nicht mehr erwarten können,
für ihre Arbeit eine gesicherte Zukunft zu haben.

Wirtschaftswachstum, das auf Ausbeutung beruht – seit
400 Jahren das Geschäftsmodell des reichen Westens –, ist an
seine Grenzen gelangt. Die Ausbeutbarkeit des Planeten ist
längst überschritten, die Ausbeutung von Menschen und den
Ökosystemen, von denen sie abhängen, führt zu millionenfacher Migration und katastrophaler Umweltbelastung. Es ist
ein Modell mit Ablaufdatum, und dieses Datum wurde längst
überschritten, ab jetzt wird es toxisch. Gleichzeitig werden die
ersten sozialen Auswirkungen der Digitalisierung zu offensichtlich, als dass man sie weiter leugnen könnte, und immer
mehr Jobs gehen an Algorithmen und Roboter.

DIE ZERSCHLAGUNG DER ÖFFENTLICHKEIT

Die Digitalisierung hat aber auch andere, noch unmittelbarer schädliche Auswirkungen auf die demokratische Entscheidungsfindung. Liberale Demokratien entwickelten sich aus
dem öffentlichen Raum heraus, den der Druck von Büchern
und Pamphleten und ein Netzwerk an Universitäten, Börsen
und Handelsmessen ab dem späten 16. Jahrhundert schufen.
In diesem öffentlichen Raum finden die Debatten statt, die

eine Gesellschaft reflektieren und definieren, in diesem Raum werden Interessen ausgehandelt und Kämpfe ausgefochten, in diesem Raum werden Nachrichten und Gerüchte verbreitet, akzeptable Verhaltensweisen erarbeitet, Vorurteile bekämpft oder verbreitet, Geschmack geformt, Denken gelernt. Der öffentliche Raum ist die geteilte Wirklichkeit aller Bürgerinnen und Bürger. In ihm handeln Gesellschaften ihre Zukunft aus, er repräsentiert einen gemeinsamen Wissensstand, der allen Debatten zugrunde liegt. So war es zumindest bis zur Verbreitung von Smartphones und sozialen Medien. Jetzt haben sich die Spielregeln geändert. Das oft diskutierte Phänomen der Echokammern (oder, wie ein amerikanischer Kommentator es formulierte, der Meinungssilos), die sich bilden, wird bereits, etwa in Großbritannien und den USA, ganz gezielt eingesetzt, um planmäßiges individualisiertes Politik-Marketing zu betreiben.

Wer heute seine Nachrichten und einen Großteil seiner sozialen Interaktion über einen kleinen Bildschirm erlebt, der lebt praktisch in einem anderen Land als die Frau neben ihm im Bus. Natürlich ist das an sich nicht neu – die Bauern auf dem Land haben vielerorts gewählt, was der Herr Pfarrer sagte, die Arbeiter in den Städten wählten selbstverständlich links –, aber die Intensität, Häufigkeit und Hysterie der Meldungen haben sich im 24/7-Zyklus enorm gesteigert und personalisiert; gleichzeitig haben sie das Korrektiv der beweisbaren Fakten abgeschafft und im ständigen Strom neuer Geschichten verzichtbar gemacht. Die Meldungen sind so perfekt auf minütlichen Konsum und individuelle Vorlieben zugeschnitten, dass der öffentliche Raum heute nicht nur gespalten ist, was er schon immer war, sondern zersplittert in unzählige Scherben, von denen jede Fragmente der Realität reflektiert. Den Rest besorgen Algorithmen.

Durch diese technologische Errungenschaft ist es möglich geworden, ein Leben ohne Widerspruch zu führen, in einer Fantasie, die aus der digitalen Welt gespeist wird und die den eigenen Horizont immer exakter abbildet und anfüttert, ohne ihn jemals in Frage zu stellen oder zu erweitern. Irgendwann ist es dann wie bei den Hexenprozessen: Wahr ist, was man sich auf dem Dorfplatz erzählt. Diese sophistizierte digitale Verdummung erodiert die Demokratie mit beachtlicher Effizienz, denn sie lässt jede Debatte erlöschen.

Ein kleiner historischer Moment, der diese Verschiebung markiert, ist auf YouTube zu finden. Der renommierte CNN-Journalist Anderson Cooper interviewt Kellyanne Conway, Beraterin des Weißen Hauses. Das Thema ist die Wahrhaftigkeit der Berichterstattung über den Präsidenten. Conway argumentiert, das Weiße Haus verfüge über »alternative Fakten«, die einfach anders seien.

Der stets reservierte und korrekte Anderson ist sichtlich bemüht, ein enormes Lachen zu unterdrücken. Anfangs ist es nur ein Grinsen, bald kann er sich nicht mehr beherrschen, er verlässt seinen Platz und ist sekundenlang von einem Lachkrampf geschüttelt. »It's just so silly«, seufzt er, sobald er wieder sprechen kann, es ist einfach zu albern. Es ist ein kleiner Nervenzusammenbruch des traditionellen Journalismus angesichts der Schamlosigkeit der faktenfreien Identität.

In einem öffentlichen Raum, in dem Fakten disputiert werden, ist ein Konzept wie »alternative Fakten« tatsächlich nicht nur albern, es zerstört die Spielregeln eines vernünftigen Gesprächs. In voneinander isolierten Echokammern aber werden sie zu einer alternativen Welt, die von ihren Bewohnern mit ebenso viel Leidenschaft, Ernsthaftigkeit und Engagement verteidigt wird wie jede andere Überzeugung. Wir haben, wie Yascha Mounk beobachtet, noch keine Erfahrung mit liberalen

Demokratien ohne langfristiges Wirtschaftswachstum. Wir haben aber auch keine Erfahrung damit, ob und wie sie mit der Zersplitterung des öffentlichen Raums umgehen und sogar von ihr lernen können oder ob sie diese Fragmentierung nicht überleben.

Zur Zersplitterung kommt eine Enthemmung, eine Verrohung der Sprache nicht nur in anonymen Postings, sondern auch in offiziellen Medien. Immer wieder sorgen verbale Entgleisungen für Entrüstung, aber scheinbar werden trotzdem jedes Mal die Grenzen ein Stück verschoben, am deutlichsten vielleicht nach dem Richterspruch des britischen High Court, der verfügte, die Regierung müsse das Parlament zum geplanten Brexit befragen. Tags darauf, am 4. November 2016, wenige Wochen nach der Ermordung einer proeuropäischen Abgeordneten durch einen fanatischen Nationalisten, veröffentlichte die konservative Boulevardzeitung *Daily Mail* auf ihrem Titelblatt die Fotos der drei obersten Richter des Landes mit vollem Namen und unter der Überschrift »*Enemies of the People*«.

Die Revolte schafft sich ihre eigene Sprache und damit ihre eigene Wirklichkeit. Die Rehabilitierung von Wörtern wie »völkisch« geht einher mit einer wiederauflebenden Vorliebe für Rassentheorien, die in diesem Neuaufguss zwar zwischen »Kulturen« unterscheiden und sich davor hüten, biologisch zu argumentieren, deren Stoßrichtung aber dieselbe ist: Menschen unterschiedlicher Kulturen sind zu verschieden voneinander, um gemeinsam zu leben, sie sollten das eigene Blut auf dem eigenen Boden vergießen.

Die Normalisierung von hasserfüllter Sprache und oft kaum verhohlenen Gewaltandrohungen – was tut ein Volk mit seinen Feinden? – ist ein Aspekt einer schleichenden Enttabuisierung von Haltungen, Symbolen und Handlungen, die ihrerseits das mitbestimmen, was vom öffentlichen Raum noch bleibt, deren hochemotionalisierte Effektivität aber lange durch die Echokammern hallt. Mit jeder neuen scheinbaren Entgleisung werden die Grenzen kaum merklich ein wenig weiter verschoben, bis zu dem Punkt, an dem Meinungen und Taten zueinander finden.

»Die freiheitliche Ordnung lebt von kulturellen und mentalen Voraussetzungen, die sie selbst nicht garantieren kann«, schrieb der Schweizer Journalist René Scheu. Genau das macht diese Normalisierung so problematisch. Liberale Demokratien sind eine Gesellschaftsform, die zivilisierte Gesellschaften wählen, weil sie in ihrer Stabilität einen entscheidenden Vorteil sehen. Die Gesellschaftsform ist eine Folge der gesellschaftlichen Entwicklung, nicht ihre Ursache. Sie verlangt von ihren Bürgern ein gewisses Minimum an Informiertheit, an Gemeinsinn und an Respekt vor den Spielregeln des zivilisierten Umgangs. Wenn diese Regeln nicht durch Debatten und Kampagnen einvernehmlich geändert, sondern einfach nicht mehr als verbindlich angesehen werden, dann bricht das ganze Spiel zusammen.

TECHNOLOGIE UND IHRE GESCHICHTEN

Die Evolution unserer Technologien hat längst die unserer Gesellschaften überholt. Jetzt drängen ihre transformativen Energien in die Gesellschaften des reichen Westens und stellen sie vor eine Zerreißprobe, die letztendlich nur durch eine Neuordnung der Machtverhältnisse gelöst werden kann. Das gegenwärtige Geschäftsmodell ist vom Antrieb zur existenziellen Bedrohung dieser Gesellschaften geworden, weil es die Ressourcen, von denen sie abhängen, verbraucht oder zerstört, und weil es den sozialen Auswirkungen der neuen Technologien nicht Rechnung trägt.

Die liberale Elite in Politik und Wirtschaft versucht, diese sich auftürmenden Probleme innerhalb der bestehenden Strukturen, Institutionen und Prozeduren zu lösen. Dabei läuft sie immer Gefahr, Politik für das 20. Jahrhundert zu machen. Wer heute noch Vollbeschäftigung zum Ziel der Wirtschaftspolitik erklärt, bietet keine Lösungen an, sondern bestenfalls eine Vertagung des Problems, die wertvolle Zeit verschwendet, und mit Sicherheit ein Versprechen, das gebrochen werden muss. So entsteht der Eindruck, ein politisches System sei ausschließlich an seinem Selbsterhalt interessiert. So entsteht auch die Lust, alles in die Luft zu jagen und von vorne anzufangen.

Immer wieder erzählen Gesellschaften sich um, schaffen neue Narrative, neue Helden, neue Haltungen. Eine neue Geschichte entsteht immer dann, wenn das Narrativ der alten sich zu weit von der gelebten Realität abgelöst hat. Sobald die Geschichte fadenscheinig wird, lässt sie sich nur noch mit Gewalt zusammenhalten. Diese Gewalt beginnt mit der Einschüchterung der Presse und der Inhaftierung von Journalisten und endet in politischen Auftragsmorden und Sondergefängnissen. Wenn keine Gewalt angewendet wird, blättert die Geschichte einfach immer weiter ab, und andere, konkurrierende Versionen kämpfen um die Vorherrschaft.

Für die Länder der reichen Welt füllt eine schon vorfabrizierte Erzählung dieses Vakuum, weil sie jedem und jeder Einzelnen ständig und nach allen Regeln der schwarzen Künste kommuniziert wird: Wir sind alle Konsumenten, Stammesangehörige von Lifestyle-Communities, unser Wille ist heilig, jeder Impulskauf wird innerhalb von 14 Tagen umgetauscht. Solange die liberale Demokratie nicht mehr genug Menschen überzeugt und die autoritäre Revolte noch nicht genügend Menschen verführt hat, bietet diese Identität Zuflucht vor der verwirrenden und beängstigenden Debatte über Dinge, an denen man ohnehin nichts ändern kann. Dies ist der Punkt, an dem die schwierigen Ideen der Aufklärung zu ersticken drohen. Toleranz für Lebensweisen oder Ansichten, die man instinktiv ablehnt, ist anstrengend, Solidarität mit Menschen aus fernen Ländern ist kompliziert, die Freiheit der anderen ist immer die eigene Einschränkung, kluge Selbstbeschränkung schlicht Unsinn in einer Konsumgesellschaft. Die inzwischen milliardenschwere Industrie, die Edward Bernays mit begründete, setzt alles daran, die Menschen, die sie jeden Tag mit Bildern bombardiert, von solchen Gedanken abzubringen und sie in einem passiven Glück zu wiegen, in dem die einzigen Richtungsentscheidungen die zwischen verschiedenen Marken sind.

Edward Bernays sprach gerne von *manufacturing consent* – der Fabrikation von Zustimmung, einer Art professionalisierter Umerzählung der Gesellschaft, die in der Nachkriegszeit so erfolgreich wurde, dass jetzt sogar Regierungen ihre Bürger als Kunden ansprechen. Aber auch diese Idee hat politische Folgen. Als Konsument erkaufe ich mir das Recht, dass meine Erwartungen erfüllt werden. Ich zahle auch Steuern. Wenn eine Volkswirtschaft wie ein Unternehmen geführt werden soll, dann habe ich auch ein Recht darauf, dass dieses Unternehmen, dem ich eine monatliche Dienstleistungsgebühr entrichte, meine Erwartungen erfüllt. Es sollte seine Gebühren senken und seine Leistungen deutlich anheben, sonst …

Hier bricht dieser kleine Monolog ab, denn auch Verbraucher sind Staatsbürger, die nicht ohne weiteres zur Konkurrenz gehen können, um nach den besten Konditionen zu shoppen (das können nur Konzerne, deren Kapital unbegrenzt beweglich ist). Problematisch ist aber, dass dieser kommerzielle Konsens nicht dazu angetan ist, Millionen von Menschen davon zu überzeugen, dass eine radikale Umstellung des westlichen Geschäftsmodells notwendig ist, um in einer überwältigenden historischen Dynamik das Schlimmste zu verhindern und, wenn möglich, eine andere Gesellschaft, eine andere Wirtschaft zu schaffen. Wie ein überkompliziertes Gadget bleiben solche Argumente im Regal, weil sie sich einfach nicht gut verkaufen lassen.

Die Trägheit von Gesellschaften, die ganz auf Statuserhalt fixiert sind – sei es mit den Mitteln der liberalen Reform oder des apokalyptischen Kampfes gegen die barbarischen Horden –, kann und will mit der Dynamik der globalen Transformation nicht umgehen. Stell dir vor, es ist Geschichte, und keiner hat Bock drauf.

JEDE DEMOKRATIE STIRBT AUF IHRE EIGENE WEISE

Menschenrechte und Demokratie sind gegenfaktische Hirngespinste. Natürlich sind uns persönlich nicht die Rechte jedes Fremden so wichtig wie die unserer Familie, natürlich achten wir die abweichende Meinung unseres Nachbarn weniger hoch als unsere eigene, denn wenn es anders wäre, hätten wir seine Meinung bereits übernommen. Menschenrechte zu postulieren und Demokratie zu wagen ist aber die beste Antwort auf die berühmte Frage des amerikanischen Philosophen John Rawls, der seine Leser aufforderte, eine gerechte Gesellschaft zu konstruieren. Sie durften wie der weise Diktator alle Gesetze der Gesellschaft selbst bestimmen – aber sie wussten noch nicht, wo in dieser Gesellschaft sie selbst sich wiederfinden würden, ob sie als Krösus oder als Bettler leben würden, als alleinerziehende Mutter, kranker Alter oder als Popstar. Um die eigene Chance auf ein gutes Leben unter unvorhersehbaren Umständen zu maximieren, muss die Gesellschaft für alle so fair wie möglich sein.

Diese Hirngespinste haben über einen Zeitraum von etwa 300 Jahren zahllose Menschen dazu inspiriert, sich dafür einzusetzen, dass so radikale Ideen wie die Gleichheit aller vor dem Gesetz Wirklichkeit werden konnten. In vielen Fällen haben diese Pioniere Veränderungen bewirkt, die niemand für möglich gehalten hätte, von der Abschaffung der Sklaverei bis zur Gleichberechtigung der Frauen und der erstaunlich raschen sozialen Akzeptanz von gleichgeschlechtlichen Ehen in Gesellschaften, in denen dies noch 20 Jahre zuvor undenkbar gewesen wäre. Diese Veränderungen aber befinden sich nicht auf einem unaufhaltsamen Siegeszug durch die Geschichte; sie können sehr rasch wieder umgekehrt werden, wenn sie nicht mehr ausreichend viele Menschen stark genug inspirieren, wenn sie für selbstverständlich gehalten werden.

Jede Demokratie stirbt auf ihre eigene Weise, wie der Historiker Richard J. Evans einmal bemerkt hat. Es wäre aber ganz einfach fantasielos, sich eine kommende Diktatur, ein kommendes autokratisches Regime in Europa mit Uniformen, Fackelzügen und Ledermänteln vorzustellen. Demokratie als produktives, Frieden schaffendes Hirngespinst, als eine kollektive Fiktion, die nur Bestand hat, solange sie in Handlungen übersetzt wird, erscheint erschreckend fragil. Tatsächlich demonstriert sie überall auf der Welt eine erstaunliche Widerstandskraft durch Zivilgesellschaft, Aktivisten, Gerichte, Journalismus – auch wenn dieser massiv an Glaubwürdigkeit verloren hat – und durch kleine, tägliche Akte der Zivilcourage. Diese Widerstandskraft aber speist sich daraus, dass ausreichend viele Menschen an diese Fiktion glauben. Vieles deutet darauf hin, dass es weniger werden.

Tatsächlich liegt in dieser Erinnerung an die Diktatur ein weiterer Grund für die Veränderung der politischen Landschaft, besonders in Europa. Die liberalen Demokratien der Nachkriegszeit und die Überzeugungen, die sie trugen, sind auch Resultate eines immensen historischen Traumas.

Menschen im Kollektiv lernen nicht aus der Geschichte, aber sie reagieren auf Traumata. So wie ein Verbrechen in einer Familie – ein Mord, Vergewaltigung, Missbrauch – seine Schatten auf die folgenden zwei oder drei Generationen wirft, können auch kollektive Erinnerungen die moralischen Instinkte einer Gesellschaft prägen, bis diese Erinnerungen aus der kulturellen Konversation allmählich verschwinden.

Die moralischen Instinkte dieser Nachkriegs-Demokratien richteten sich auch auf ein »Nie wieder!«. Um die Wiederholung der Weimarer Zustände zu verhindern, so der europäische Konsens nach 1945, bedurfte es einer robusten Wirtschaft, aber auch starker Umverteilung, offener Hierarchien und großer Investitionen in Bildung, um das Entstehen einer vom sozialen Fortschritt abgekoppelten Unterklasse zu verhindern und die Demokratie zu stärken.

Viele Aspekte der Nachkriegsordnung spiegeln diese Entschlossenheit wider, eine neue Katastrophe zu verhindern, indem der Demokratie ein Gerüst an Grundideen und wirtschaftlichen Voraussetzungen eingezogen wurde: Soziale Inklusion, ein starker Sozialstaat, die Stimme der Industriearbeiter bei der Festlegung ihrer Arbeitsbedingungen, die Betonung von Frieden, Menschenrechten, *soft power*, Antirassismus, Toleranz, Offenheit und eine Überwindung der Nationalstaaten durch wirtschaftliche und politische Integration innerhalb Europas sind auch ein Resultat der Erinnerung an Europas zweiten Dreißigjährigen Krieg zwischen 1914 und 1945.

Die Tatsache, dass diese Werte heute und innerhalb von relativ kurzer Zeit wieder zur Debatte stehen, erklärt sich auch daraus, dass die Generation derer, die von der Erinnerung des Krieges geprägt waren, sich jetzt aus der Gesellschaft zurückzieht und dass eine neue Generation von Wählern, Politikern, Bürgern und Konsumenten diese moralischen Reflexe verloren hat, weil sie nie Teil ihres intimen, familiären Lebens waren.

Der Zweite Weltkrieg, von dem Jugendliche heute in der Schule hören, ist ihnen kaum weniger fern als die Napoleonischen Kriege. Das ist normal, so verläuft kulturelle Evolution, und es verhindert auch, dass das kulturelle Gedächtnis erdrückend überfrachtet wird. Jede Generation schafft sich ihren eigenen Blick auf die Geschichte, zieht ihre eigenen Schlüsse daraus. Aber die Geschichte, die jede Generation sich von Neuem erzählt, ist ebendas: eine Geschichte, die historische Fakten und Fiktionen nach den gegenwärtigen Bedürfnissen neu ordnet und neu bewertet.

Die moralischen Reflexe und das moralische Versagen der älteren Generation stehen dabei immer im Brennpunkt der Neuerzählung. Für Demokratien bedeutet das allerdings auch, dass zivilisatorische Ideale und moralische Haltungen, die nach dem Krieg selbstverständlich schienen und die liberale Demokratien überhaupt erst möglich machen, wieder zur Disposition stehen. Rassismus, Nationalismus, Zweifel an der Demokratie, Aufrüstung, völkisches Denken, Führerfiguren und Mauerbau sind weit über die Kreise der Nationalpopulisten hinaus wieder salonfähig geworden und werden in verschiedenen Permutationen quer durch die kulturelle Landschaft thematisiert. Das erinnert an die Zwischenkriegszeit.

Gleichzeitig wirken die Reflexe der Nachkriegsgenerationen nicht mehr, ihre Tabus gelten nicht mehr. Liberale Ideen haben es in den Vereinigten Staaten seit Nixon schwer gehabt, sich Gehör zu verschaffen. In anderen westlichen Gesellschaften ist dieser Punkt später gekommen und wird durch den Zusammenbruch der wirtschaftlichen Nachkriegsordnung wesentlich verstärkt. Liberale Ideen und demokratische Prinzipien können keine selbstverständliche Interpretationshoheit mehr beanspruchen. Wer sie erhalten und immer wieder durchsetzen will, wird sich ganz neu und viel intensiver für sie einsetzen und für sie kämpfen müssen.

WAS BRAUCHT EINE LIBERALE DEMOKRATIE ZUM ÜBERLEBEN?

Der eingangs dieses Kapitels zitierte Yascha Mounk sieht einen klaren Zusammenhang zwischen der Existenz von liberalen Demokratien und Wohlstand oder, genauer gesagt, steigendem Wohlstand. Tatsächlich gründen funktionierende Demokratien auf weit aufgefächerten Strukturen, auf Parlamenten, Gerichten, Schulen, Universitäten, Infrastruktur, Landesverteidigung. Ohne Wohlstand kann nichts von alledem gewährleistet werden. Gerade der strukturelle Zusammenbruch der westeuropäischen und US-amerikanischen Parteienlandschaft und die dort weit verbreitete Verbitterung zeigen aber, dass Wohlstand augenscheinlich nicht ausreicht, denn trotz der immer weiter aufklaffenden Einkommensschere und der manifesten wirtschaftlichen Ungerechtigkeiten sind die Gesellschaften der reichen Welt heute reicher als je zuvor in ihrer Geschichte. Ein typischer amerikanischer oder europäischer Haushalt (für Griechen mag das zynisch klingen) ist heute fünfmal so reich wie nach dem Zweiten Weltkrieg. Wenn aber Wohlstand und ein stetiges Wirtschaftswachstum in Friedenszeiten nicht ausreichen, was bleibt dann noch? Demokratie bedeutet die Entmachtung von Einzelnen und von Gruppen. Um sich darauf einzulassen, braucht man Vertrauen, denn wer anderen wirklich misstraut, will kein Gleichgewicht der Kräfte, sondern die Macht. Nur wer daran glaubt, dass sich die anderen an die vereinbarten Spielregeln halten werden, wird bereit sein, Kontrolle aufzugeben. Vertrauen beruht auf Empathie, auf Gemeinsamkeit, Lesbarkeit, geteilten Hoffnungen. Eine Gesellschaft, deren oberste Priorität Statuserhalt ist und die Zukunft eher verhindern als gestalten will, kann so eine Hoffnung aber nicht bieten. Wenn alle schon wissen, dass der Laden eigentlich bankrott ist, dass man sich aber jetzt noch holen kann, was noch da ist, setzen sie sich auch nicht für die gemeinsam zu zahlende Sanierung ein.

Hier zeigt sich das zweite potenziell katastrophale Problem des bankrotten Geschäftsmodells der westlichen Länder. Das erste ist materieller und wissenschaftlicher Art: Ökonomien, die nur durch unaufhaltsames Wachstum weiterbestehen können, verbrauchen, verschmutzen und zerstören zu schnell zu viel und reagieren strukturell viel zu langsam auf den Transformationsdruck durch Erderwärmung und Digitalisierung. Das zweite daraus entstehende Problem ist philosophischer oder anthropologischer Natur: Gesellschaftlicher Zusammenhalt und friedliche, solidarische Veränderung bedürfen einer Perspektive, eines gemeinsamen Projekts, einer Art Hoffnung.

Ist es den Gewinnern der industriellen Revolution und des Ölbooms möglich, mit demokratischen Mitteln die ökonomischen Voraussetzungen ihrer Gesellschaften schnell genug und grundlegend genug umzustellen, um wieder eine Art Hoffnung zu rechtfertigen? Ist es möglich, eine auf Nachhaltigkeit basierende liberale Demokratie zu schaffen, oder war die demokratische Erfahrung der Nachkriegszeit nur ein *free ride* auf dem Rücken des vom Erdöl befeuerten Wirtschaftswachstums der Nachkriegszeit, eine historische Ausnahme, die jetzt gerade ihr Ende findet, weil sich die globalen Rahmenbedingungen verschoben haben?

Eine radikale Transformation weg von fossilen Energieträgern und unersetzbaren Rohstoffen, weg von Müllbergen und dem obsessiven Konsum, der sie verursacht, ist unter allen Umständen eine gigantische Herausforderung, mit der wir uns im letzten Kapitel noch einmal beschäftigen werden, um nach Gründen für vorsichtigen Optimismus zu suchen. Im gegenwärtigen Kontext ist aber wichtig, dass eine solche Veränderung auch ein demokratisches Mandat bekommen müsste, was die Herausforderung um ein Vielfaches vergrößert.

Die demokratische Debatte über eine derart tief in alle Lebensbereiche eingreifende Transformation hat noch nicht einmal begonnen. Kein normaler Politiker würde es wagen, mit einer solchen Agenda vor die Mikrofone zu treten. Kein Politiker würde sich trauen, dem Wahlvolk zu erzählen, dass wir alle ärmer werden, dass wir, statt einkaufen zu gehen, uns gemeinsam fragen müssen, in was für einer Art von Gesellschaft wir in 30 Jahren leben wollen, welche realistischen Möglichkeiten es gibt, um diesem Ziel nahe zu kommen, und was wir bereit sind aufzugeben, um eine Chance zu haben. Natürlich: So ein Programm wäre wahlkämpferischer Selbstmord. Jede Gesellschaft hat die Politiker, die sie verdient.

Jede Gesellschaft braucht eine Art von Transzendenz. Während der Nachkriegszeit ersetzte der transformative Konsum nach und nach andere Formen der Transzendenz (Ideologien, Religionen). Gerade weil der Konsum im kollektiven Bewusstsein eine so wichtige Stellung eingenommen hat, ist es schwierig, ausreichend viele Menschen davon zu überzeugen, dass es besser ist, entschieden zu handeln, bevor die Macht und Geschwindigkeit der Ereignisse ihnen die Initiative aus den Händen reißt. Der große Vorteil des reichen Westens ist in gewisser Hinsicht auch sein Fluch: Es geht vielen Menschen einfach noch zu gut, als dass sie sich auf einschneidende Veränderungen einlassen würden, durch die sie Einschränkungen hinnehmen müssen. Sie sehen keine Veranlassung oder leugnen sie, sie interessieren sich nicht weiter dafür, oder sie akzeptieren die Gründe und die Notwendigkeit, etwas zu tun, nur bitte nicht jetzt, nicht hier, nicht persönlich.

Die demokratische Vision der Aufklärer setzt voraus, dass Menschen nicht nur fähig sind, vernünftig zu argumentieren, sondern dass sie es auch wollen, dass sie bereit sind, nach den Kriterien ihrer souveränen Vernunft solidarisch und frei zu leben. Was aber ist, wenn sie nicht wollen? Was ist, wenn Hobbes, Rousseau und Bernays Recht hatten und Menschen irrationale, widersprüchliche und letztlich destruktive Primaten sind, die gezähmt, manipuliert, amüsiert und ruhiggestellt werden müssen? Besteht eine Gesellschaft aus Individuen, die rational und solidarisch handeln können, oder aus dumpfen Herdentieren, über deren gehörnte, gebrandmarkte Masse sich nur seltene Ausnahmeexemplare erheben können, um die Herde anzuführen?

Solche Fragen können moralisch als ein Angriff auf die menschliche Würde missverstanden werden, denn menschliche Instinkte, Ängste, Mythen und Sehnsüchte wurden über Jahrhunderttausende von einer Umwelt geformt, die nicht mehr die der meisten heutigen Menschen ist. Es wäre gut, diese Primaten besser zu verstehen – nicht, um ihnen ein artgerechtes Gehege zu bauen, sondern um zu sehen, ob sie trotz ihrer offensichtlichen Beschränktheit und ihrer Tendenz zur Selbstüberschätzung auch in freier Wildbahn überleben können.

Neuere Forschungen an anderen Primaten, die unter anderem von Frans de Waal durchgeführt werden, legen nahe, dass die Wahl zwischen blöden Rindviechern und rationalen Halbgöttern keine absolute ist. Wie bereits erwähnt, haben auch andere Primaten ein ausgeprägtes Gerechtigkeitsgefühl und reagieren auf Stress mit Aggression und Depression. Auch sie neigen dazu, solidarisch zu handeln, wenn ihre Lebensumstände es erlauben, und egoistisch, gewalttätig und sogar sehr grausam zu sein, wenn sie unter Druck geraten.

Im Unterschied zu anderen Primaten kann Homo sapiens allerdings eine Zukunft entwerfen, die sich von der Gegenwart unterscheidet, und er kann dieses abstrakte Denken sogar zur Grundlage seines Gemeinschaftsgefühls machen. Der autoritäre Traum sieht diese Grundlage im Stallgeruch, in einer Vergangenheit, die eine historische Erfahrung, eine kollektive (und konstruierte) Erinnerung beschwört.

Der liberale Traum hat seinen perspektivischen Fluchtpunkt in der (qua Definition konstruierten) Zukunft, in einer Art Fortschritt nicht nur der Technologie, sondern auch der Menschlichkeit, die als gemeinsame Hoffnung sehr unterschiedliche Individuen zusammenführen kann. Trotzdem kann dieser Traum kaum noch die erreichen, die zu wenig Hoffnung haben und die Zuflucht suchen, vielleicht sogar Genugtuung. Eine der zentralen Schwächen dieser liberalen Ideale in einer komplexen Gesellschaft ist, dass ihr immer etwas abstrakter Zukunftsfokus zu wenig emotionale Resonanz besitzt, zumindest im Vergleich zur hypnotischen Macht der Nostalgie.

Fortschritt ist umkehrbar, Zivilisationen kommen außer Atem und geben schließlich auf, wenn sie keine Hoffnung mehr vermitteln. Die Frage ist, ob diese Gesellschaften es wieder schaffen können, Hoffnung möglich zu machen, und das ist nur dann realistisch, wenn diese Hoffnung auch eine reale Grundlage hat. Eine Regierung, die über ausreichende finanzielle Ressourcen verfügt und einflussreich genug ist, kann die Risse im sozialen Gefüge eine Zeitlang kitten und kaschieren, indem sie sinnlose Arbeit subventioniert und beispielsweise über den Umweg der Entwicklungshilfe Arbeitsplätze sichert, aber sie kann nicht das Gefühl eliminieren, dass diese Jobs künstlich erhalten werden, dass sie keine wirklich produktive Arbeit schaffen, dass Menschen sich immer öfter nutzlos und überflüssig fühlen, weil sie verstehen, was da vor sich geht. Der Kitt bröckelt, die Risse werden größer. Vielleicht ist die liberale Demokratie nichts als ein Durchgangsstadium auf dem Weg zu einer anderen Gesellschaftsform. Wie diese aussehen wird, ist noch nicht entschieden.

KEIN WEG ZURÜCK

Was passiert mit einer Gesellschaft, die keine Zukunft will, wenn sie in eine Stromschnelle der Geschichte gerät? Was hält, und was muss brechen? Was ersetzt die alten Strukturen, die von der Strömung weggerissen werden?

Halten wir einige Dinge fest:

– Einen Satz dürfen wir nie wieder verwenden. Dieser Satz lautet:»Das kann nie passieren.« Alles kann passieren, und vieles wird passieren, was wir heute noch für unmöglich halten.
– Wir sind mitten in einer rasanten Transformation, auch wenn wir das nicht wollen. Das ist keine Frage der Lust oder der Konsumpräferenz.
– Auf Umwälzungen dieses Ausmaßes kann eine Gesellschaft nur entweder konstruktiv reagieren, oder sie kann sie erleiden.
– Wer Mauern baut, wird merken, dass sie eingedrückt werden.
– Geben wir es zu: Wachstum durch Ausbeutung, das Geschäftsmodell der westlichen Gesellschaften, ist bankrott.
– Demokratie und Menschenrechte sind nicht die Norm und keine logische Folge des Fortschritts. Sie sind eine junge und seltene historische Ausnahme, vielleicht nur eine Episode.
– Fortschritt ist umkehrbar.

- Freiheit, Gleichheit, Brüderlichkeit sind und waren seit ihrer Proklamation keine empirischen Fakten, sondern eine Geschichte, die unsere Gesellschaft sich über sich selbst erzählt. Sie lebt und stirbt beim Erzählen und Zuhören.
- Zum Überleben brauchen Demokratien nicht nur Wohlstand. Sie brauchen auch eine gemeinsame Hoffnung.
- Eine solche Hoffnung ließe sich nur schaffen, wenn sie als vernünftig und berechtigt erkannt wird, das heißt in einer Ökonomie, die eine Zukunft hat, in einer Gesellschaft, die in Frieden mit ihren Nachbarn und dem Maschinenzeitalter lebt.
- Die technologische Transformation wird auch unser persönliches Leben prägen, unsere Gedanken, Gefühle, unser Selbstbild. Technologie wird nicht nur von uns manipuliert, sie manipuliert auch uns.
- In einer Demokratie hängt alles davon ab, dass genügend Menschen einen derart radikalen Wandel wollen – rechtzeitig wollen. Das gibt wenig Anlass zu Optimismus.

Zugegeben: Es gibt wenig Anzeichen dafür, dass rasche und radikale Veränderung möglich ist, aber in Ermangelung eines Planeten B bleibt nichts anderes, als dafür zu kämpfen, dass sich in einem Meer von Schwierigkeiten kleine Archipele der Hoffnung, der Menschlichkeit, der Rationalität bilden und halten können.

DIE ZAHNFEE DER GESCHICHTE

Wir wollen keine ideale Welt entwerfen, keine Utopie. Das ist zwar unterhaltsam, aber die üblichen Visionen von kooperativen, solidarischen, selbstlosen, engagierten und glücklichen Gemeinschaften im Einklang mit Mutter Natur werden immer Fiktionen bleiben, es sei denn, es sind gewählte Gemeinschaften – ein Kibbuz, ein Kloster, eine Kommune –, deren Mitglieder aus Enthusiasmus und Überzeugung teilnehmen. In Gesellschaften, deren Bürger zufällig hineingeboren wurden und oft ganz andere Überzeugungen entwickeln, ist so viel Selbstlosigkeit und Kooperation nicht zu erwarten.

Nein, versuchen wir realistisch zu sein. Stellen wir uns Gesellschaften vor, die tatsächlich entstehen könnten, wenn genug Menschen verstehen würden, welche Herausforderungen auf sie warten. Stellen wir uns also vor, die Zahnfee der Geschichte würde in einer nicht allzu fernen Nacht allen Menschen dieses Planeten gleichzeitig im Traum offenbaren, wie kritisch ihre Situation ist. Stellen wir uns vor, alle Menschen würden am nächsten Morgen und voller Schreck begreifen, dass sie dringend handeln müssen, dass es nicht reichen wird, ihr Bestes zu tun, sondern dass getan werden muss, was nötig ist.

Nach diesem Traum – höchstwahrscheinlich apokalyptischer Natur – würden die Menschen am nächsten Morgen wie in Trance ihre Zähne putzen und es vermeiden, einander in die Augen zu sehen. Sie würden verloren am Frühstückstisch sitzen und auf dem Weg in die Arbeit starr vor sich hin blicken, während in ihnen die Erkenntnis dämmert, dass es jetzt ernst wird, dass eine immense Herausforderung wartet, dass diese gigantische Veränderung bereits im Gange ist und gestaltet werden muss, solange noch die Möglichkeit besteht. Google-

Suchen nach den Stichwörtern »Weltuntergang«, »Apokalypse«, »Erderwärmung«, »Digitalisierung«, »Konsumismus«, »Weltfrieden« und »Ende der Demokratie« überlasten die Server und drohen das Internet zeitweise zusammenbrechen zu lassen. Websites wie die der NASA haben innerhalb von Stunden mehr Aufrufe als sonst in Jahren.

In den ersten Stunden wird niemand viel sprechen. Straßen, Bahnhöfe und Büros sind fast lautlos, eine unwirkliche Stille liegt über öffentlichen Plätzen, Fabriken und Büros, während die Leute noch dabei sind, sich klarzumachen, was sich alles ändern wird. Unwillkürlich beginnen sie, die Welt um sich herum, die Autos und Fabriken, die Callcenter und Einkaufszentren als etwas Altes, längst Überholtes, Lächerliches wahrzunehmen.

Sobald sie einen Moment finden, am Schreibtisch, in der Kantine, im Auto, auf der Baustelle, beginnen die Menschen, sich Notizen zu machen, Abermillionen von Zetteln, auf denen notiert wird, was dringend geschehen muss. Gruppen bilden sich, an Straßenecken, in Cafés und in U-Bahnstationen. Nach der langen Stille beginnen alle gleichzeitig zu sprechen, sie fuchteln aufgeregt mit ihren Zetteln, sind außer sich. Ein Hacker hat alle Bildschirme auf dem Times Square unter seine Kontrolle gebracht, die jetzt in grellsten Farben nur ein Wort in die Welt hinausschreien: SHIT!

Die ersten Tage sind chaotisch. Religiöse Führer rufen öffentlich zur Buße auf und halten Prozessionen und Bittgebete ab, hysterische Teenager verkünden, die Muttergottes sei ihnen erschienen, Mobs suchen nach Sündenböcken und jagen Angehörige von spontan dazu deklarierten Minderheiten durch die Straßen, riesige Demonstrationen bilden sich und gehen wieder auseinander. Menschen halten an Straßenecken spontane Predigten. Medienberichte überschlagen sich, aber niemand hat Zeit, sie zur Kenntnis zu nehmen. Eine Welle von Selbstmorden schwappt durch die reichen Länder, aber kaum jemand bemerkt es. Auf allen Bildschirmen sind Untergangsexperten zu sehen, aber die Menschen wischen sie weg – sie haben Wichtigeres zu tun. Nach anfänglichen Hamsterkäufen bricht der Einzelhandel ein, weil niemand gerade an neue Klamotten denkt.

Innerhalb von einigen Wochen bilden sich Gruppen, die darüber diskutieren, was zu tun ist. Sie laden ihre Abgeordneten ein, mit ihnen zu debattieren, wie die große Veränderung einzuleiten ist. Sie leben gleichzeitig in der obsoleten Gegenwart und der viel interessanteren Zukunft. In Supermärkten, Moscheen und Kneipen, in Familien und nationalen Parlamenten brechen Debatten los, die wild über die Parteilinien hinweg ausschlagen, weil Parteien angesichts der Herausforderung irrelevant geworden sind. Gesetze werden verabschiedet, Maßnahmen getroffen, Initiativen gegründet.

Weil die Menschen lediglich Einsicht in ihre Situation bekommen haben, aber nicht hellsichtig oder intelligenter geworden sind, sind viele dieser Maßnahmen unsinnig, kontraproduktiv oder unüberlegt. Einige der Ideen aber tragen dank der neuen kollektiven Entschlossenheit Früchte. Aus ihnen entwickelt sich so etwas wie der Anfang einer neuen Wirtschaft, einer neuen Gesellschaft, einer neuen Demokratie, die nicht nur in der Lage sind, die nächsten 50 Jahre zu überleben, sondern aus den transformativen Energien sogar Dynamik gewinnen und durch gute Ideen und entschlossenes Handeln tatsächlich an einigen Orten Gesellschaften entstehen lassen, die besser sind als das, was früher war.

Die ersten Maßnahmen betreffen den Energie- und Rohstoffverbrauch sowie die Rückstände, die sie verursachen. Die führenden Ökonomien der Welt beschließen, innerhalb von zehn Jahren vollständig und ausnahmslos aus der Nutzung fossiler Brennstoffe auszusteigen und massiv in das Recycling aller Rohstoffe zu investieren. Autobesitzer schlucken tief, aber fügen sich. Die Industrie zieht mit und pfeift ihre Lobbyisten zurück. Ölheizungen sind nicht mehr zu verkaufen, Plastiktüten und PET-Flaschen werden gehortet. Alternative Energien aber erleben einen ungekannten Boom. Millionen Menschen schulen um auf energieeffizientes Bauen, die Suche nach neuen und besseren Lösungen beschleunigt sich, die Forschungsausgaben der Staaten schnellen in die Höhe.

Eine zweite Vereinbarung betrifft Konsumgüter, deren Preis jetzt nach ihren echten Kosten kalkuliert wird, von der Gewinnung der Rohstoffe bis zum Recycling der Komponenten und den Kosten für Mensch und Umwelt über den gesamten Zyklus. Zuerst werden alle technologischen und massenproduzierten Güter teurer, und die Verbraucher beginnen zu murren. Wirtschaftsexperten geben verheerende Wachstumsprognosen ab. Bald jedoch kommen Dinge auf den Markt, die so konstruiert sind, dass sie möglichst lange halten, einfach zu reparieren, aus natürlichen oder leicht verwertbaren Materialien hergestellt und modular nachrüstbar sind, um technologischen Entwicklungen Rechnung zu tragen. Oft sind es Objekte, die von Handwerkern oder Tüftlern geschaffen werden. Es wird sogar schick, alte Dinge wiederzubeleben. Die Modeindustrie fällt wie ein Soufflé in sich zusammen, die Werbeetats der großen Konzerne gehen gegen null.

Überhaupt ist die industrielle Produktion nicht mehr so zentral, wie sie es einmal war. 3D-Drucker produzieren mühelos auch komplexe Alltagsgegenstände und sogar Maschinen, die Bauanleitungen gibt es im Internet. Immer mehr Haushalte beginnen, sich dezentral zumindest teilweise selbst mit Energie zu versorgen und Überschüsse ins Netz einzuspeisen.

Die Entsorgung von Müll wird von Konsumenten per Kubikmeter gezahlt. Große Verpackungen verschwinden fast völlig aus den Supermärkten, viele Menschen benutzen eigene Behälter für den Einkauf. Viel Müll zu produzieren ist nicht nur teuer – es ist ein Zeichen von sozialer Inkompetenz.

Da nach dem Traum alle die Dringlichkeit der Lage spüren, achten sie auch mehr darauf, dass sie mit ihrem Konsum ein Teil der Lösung sind, nicht ein Teil des Problems. Ein Siegel auf Kleidungsstücken und anderen Konsumgütern kennzeichnet Produkte, die unter fairen Bedingungen produziert wurden. Sie sind etwas teurer. Produktionsketten jedes Massenprodukts können über das Internet bis zu den Rohstoffen, den Arbeitsbedingungen der Produzenten und dem gesamten Energieaufwand nachverfolgt werden. Natürlich wird das System gelegentlich von Betrügern ausgenutzt, aber im Allgemeinen funktioniert es erstaunlich gut.

Auch sonst verändern sich die Konsumgewohnheiten. Die neue Preiskalkulation macht beispielsweise Fleisch zum Luxusgut, weil nicht nur eine artgerechte Haltung von Tieren, sondern auch besonders bei Rindern der Methan-Ausstoß in den Preis mit eingerechnet wird und der Anbau von Sojabohnen in gerodeten Regenwaldgebieten aufgrund der dadurch verursachten Umweltschäden so teuer geworden ist, dass Bohnen aus diesen Gebieten in Gold aufgewogen werden. Auch die Produktion von Palmöl ist zusammengebrochen. Transportkosten werden höher und veranlassen Verbraucher dazu, wieder stärker lokale Produkte zu kaufen, zu tauschen oder selbst herzustellen. Nicht allen gefällt das, aber letztendlich finden die meisten, dass auch fünf Sorten Milch im Supermarktregal mehr als genug sind.

Die vielleicht wichtigste gesellschaftliche Neuerung betrifft die Tatsache, dass immer weniger Menschen Arbeit finden, immer mehr von Maschinen verdrängt werden. Die Gesellschaft beschließt, alle Arbeit zu besteuern, nicht nur menschliche Arbeit.

Der Profit, der von Maschinen erwirtschaftet wird, ist ein soziales Gut, das ohne Schulen, Straßen, Infrastruktur und Sicherheitsgarantien nicht realisiert werden könnte. Ein Teil dieses privat erwirtschafteten Profits wird als Dividende an die Gesellschaft zurückgezahlt. Jeder Bürger, jede Bürgerin bekommt eine monatliche Summe, die seine bzw. ihre Grundbedürfnisse abdeckt und es ihnen ermöglicht, frei zu entscheiden, wie sie ihre Energie und ihre Zeit einsetzen wollen.

Diese Änderung, das bedingungslose Grundeinkommen, kommt nicht, weil sie nett oder edel ist, sondern weil sie notwendig ist. Es ist eine der ganz wenigen Neuerungen, die sowohl vom rechten als auch vom linken Spektrum befürwortet wird. Den Linken geht es dabei vornehmlich um soziale Gerechtigkeit und Umverteilung. Rechte Ökonomen und Politiker sehen im Grundeinkommen die einzige Möglichkeit, im Zeitalter der Maschinen noch Konsum und dadurch Wirtschaftswachstum zu ermöglichen. Inzwischen allerdings sind so viele Menschen ohne Erwerbsarbeit, in einigen entwickelten Ländern geht die Zahl an die 40 Prozent, und sie wäre noch höher, würde nicht jede Regierung ihre Statistiken schönen. Die Kosten für den Staat sind astronomisch, und doch ist ein wesentlicher Teil der Bevölkerung arm, deprimiert, nutzlos und gedemütigt. Die Diskussionen um das Grundeinkommen sind einer allgemeinen Akzeptanz gewichen.

Das bedingungslose Grundeinkommen ist ein gigantisches soziales Experiment, das in vielen unterschiedlichen Formen eingeführt wird und unterschiedlich erfolgreich ist. In einigen Ländern gilt es ab der Geburt und sorgt dadurch auch dafür, dass mehr Kinder geboren werden, in anderen beginnt es in

Form eines Bildungskontos, das Kindern bis zur Volljährigkeit ermöglicht, den Weg einzuschlagen, der ihren Interessen entspricht. In den meisten Ländern aber gilt es ab der Volljährigkeit. Wer trotzdem weiterhin eine Erwerbsarbeit ausführt, versteuert seine Einkünfte zu einem geringen Steuersatz. Wer nicht arbeitet, wird nicht dazu gezwungen, auch wenn sich bald zeigt, dass die meisten Menschen nicht nur gerne ein bisschen besser leben, sondern auch ihre Zeit sinnvoll investieren wollen. Einige Leute bleiben trotzdem vor dem Fernseher sitzen und investieren ihr Grundeinkommen in Bier.

Diejenigen, die ein aktives Leben führen, stellen fest, dass sich ihr tägliches Leben verändert, obwohl sie weiterhin arbeiten. Langweilige und repetitive Tätigkeiten werden in kürzester Zeit von Algorithmen und Robotern übernommen, eine ganze Klasse von Büroarbeitern, die selbst nie wirklich glauben konnten, dass sie etwas Sinnvolles tun, finden sich ohne Arbeit und stürzen in eine Sinnkrise. Jede größere Firma verzeichnet zusätzlich Dutzende oder Hunderte von Kündigungen von Angestellten, die meinen, dass es besser ist, ihren großen Träumen oder kleinen Kindern jetzt Aufmerksamkeit zu schenken.

Wer keine Arbeit hat, weil ihn die Wirtschaft einfach nicht mehr braucht, wird nicht durch den regelmäßigen Gang zum Arbeitsamt, durch sinnlose Bewerbungen und ärztliche Atteste gedemütigt; wer Arbeit hat, bekommt die Möglichkeit zu entscheiden, was und wie viel er oder sie arbeiten will. Die Haltung zur Arbeit verändert sich fast über Nacht. Einerseits ist echte, produktive Arbeit kostbarer geworden, andererseits wird diese Produktivität nicht mehr so stark in Zahlen gemessen. Wer sein ganzes Leben lang schuftet, nur um mehr Geld zu verdienen, wird mit Mitleid betrachtet, etwa so, wie Mitglieder der Bourgeoisie oder des Adels im 18. Jahrhundert Bauern und

Tagelöhner betrachteten. Immer mehr Menschen verstehen, dass die westliche Obsession, Arbeit als moralisches Korsett zu betrachten, die nur dann wirklich moralisch sein kann, wenn sie keinen Spaß macht, erst vor etwa 200 Jahren aufgekommen ist. Auch die protestantische Arbeitsethik erweist sich als ein vorübergehendes und entbehrliches Phänomen.

Für viele Menschen ist engagierte Arbeit aber keine lästige Pflicht und kein Versuch, das eigene Gewissen zu beruhigen, sondern eine Bereicherung, die ihrem Leben Struktur gibt und ihnen soziale Kontakte verschafft und durch die sie sich nützlich fühlen. Durchschnittlich arbeiten Menschen weniger und flexibler, viele, wenn auch längst nicht alle, engagieren sich in nachbarschaftlichen Initiativen und Vereinen. Reparaturcafés werden zu wichtigen sozialen Zentren. Menschen, die etwas schaffen und etwas verändern, werden bewundert, Arbeit wird mehr und mehr zu einem Privileg, das geteilt wird.

Gleichzeitig entbrennt eine weitere Debatte. Was macht den Wert eines Menschen für eine Gesellschaft aus? Wer bin ich, wenn ich mich nicht mehr über meinen Erwerbsberuf definieren kann? Ist Faulheit verwerflich, ist sie krankhaft, oder ist sie die eigentliche Bestimmung des Menschen? Was macht ein gutes Leben aus?

Nur ein Jahrzehnt ist vergangen, und die ehemals reichen Gesellschaften haben sich radikal geändert. Eigentlich sind sie noch immer reich, aber die Umstellung von Energieversorgung und Markt hat gigantische Investitionen notwendig gemacht. Trotzdem haben sich die Menschen erstaunlich schnell an diese andere Welt gewöhnt und ihre Nische darin gefunden. Wirklich cool sind nur die, die mühelose Eleganz und Lebensstil mit einem *Zero Carbon Footprint* verbinden. Es stellt sich heraus, dass dem Erfindungsreichtum der Menschen keine Grenzen gesetzt sind. Sogar die Mode kehrt zurück und wirbt mit Produkten aus neuen Materialien, die energieneutral und ohne ausbeuterische Arbeit (in den meisten Fällen von Robotern) hergestellt werden. Echte Luxusmode aber ist handgemacht.

Die rapide Entwicklung neuer Technologien hat aber nicht nur die Arbeit verändert. Das Problem der digitalen Echokammern und die schlichte Tatsache, dass Algorithmen Entscheidungen aufgrund von Datenanalyse und nicht aus Ignoranz, Dummheit oder Wut treffen, haben die demokratischen Systeme erheblich aufgemischt. Sollen wir unsere Zukunftsentscheidungen Computern anvertrauen? In einigen Staaten ist man zu dem Schluss gekommen, dass Wahlen alle vier oder fünf Jahre ein zu altmodischer Apparat sind, um Demokratie lebendig zu halten.

Manche Staaten experimentieren mit regelmäßigen Bürgerversammlungen, andere mit einem Lotteriesystem, das Bürgerräte ernennt, die gemeinsam mit Experten und Politikern Entscheidungen fällen oder ihr Veto einlegen können, wieder andere arbeiten mit täglichen Mini-Abstimmungen über soziale Medien (das erweist sich bald als schwerer Fehler) oder versuchen, das Nachkriegssystem zu erhalten. Das erweist sich als schwierig, denn die traditionellen Volksparteien sind zu nostalgischen Randerscheinungen verkommen, während Dutzende von Gruppierungen und Bewegungen, die sich oft nur über ein Thema definieren und nicht mehr rein national ausgerichtet sind, um Koalitionen ringen. Überall wird partizipative Demokratie ausprobiert, aber immer wieder zeigt sich, dass die meisten Menschen zu beschäftigt und auch zu desinteressiert sind, um sich wirklich zu beteiligen, und dass die Entscheidungen immer von kleinen Gruppen getroffen werden. Idealisten bedauern das, Realisten nehmen es zur Kenntnis.

Die Klimaerwärmung ist inzwischen so weit fortgeschritten, dass der Nordpol im Sommer gänzlich eisfrei ist und große Teile des Permafrosts auf der nördlichen Hemisphäre auftauen. So gelangen große Mengen Methan in die Atmosphäre, was die Erwärmung weiter beschleunigt. Für viele Küstenregionen ist es bereits zu spät. Klimazonen und landwirtschaftlich nutzbare Gebiete verschieben sich, oft über Staatsgrenzen hinweg, bäuerliche Kulturen und Lebensweisen werden zerstört, Regenwälder werden zu Savannen, Kriege um Wasser und Ackerland überziehen die Gebiete um den Äquator und den Nahen Osten, steigende Meeresspiegel verschlingen Teile von Florida und Bangladesch und mehrere pazifische Inseln. Diese Entwicklungen konnten nicht mehr verhindert werden, und es gibt auch keine Lösung für sie. Sie bleiben tragisch.

Ein anderes, wachsendes Problem ist immer noch die Landwirtschaft, die trotz genmanipulierter Produkte und weit besserer Bewässerungstechnik den Bedarf einer immer noch wachsenden Weltbevölkerung kaum decken kann. Vertikaler Anbau in riesigen Regalen unter künstlichem Licht ist inzwischen in vielen Regionen zur Norm geworden. Die Technologie ist billig, und immer mehr Menschen haben ihren eigenen vertikalen Gemüsegarten zu Hause. Trotzdem bleibt die immer weitere Ausbreitung von landwirtschaftlichen Flächen ein dauernder Kampf um Land, um Wasser, um Macht.

Auch sonst gibt es kritische Entwicklungen und weiterhin existenzielle Bedrohungen. Abgesehen von den nuklearen Arsenalen, die noch immer mit der Apokalypse drohen, hat der Terrorismus auch durch den Bevölkerungsdruck in vielen Schwellenländern eine neue Dimension angenommen, da er sich ebenfalls moderner Technologien bedient. Cyber-Attacken auf die Infrastruktur großer Städte erweisen sich als effektiver als Selbstmordattentate.

Die meisten Leidtragenden dieser Attacken von mobilen Milizen, religiösen Fanatikern und Revolutionen leben in den ärmsten Ländern. Doch auch in manchen reicheren Nationen ist das Leben schwieriger geworden. Weiterhin werden Mauern gebaut, Zäune hochgezogen, bewaffnete Überwachungsdrohnen eingesetzt. Einige westliche Länder haben sich in Diktaturen verwandelt, auch wenn die Herrscher Anzug tragen und nicht Uniform. Nach einer Welle von Attentaten wird in europäischen Ländern ernsthaft diskutiert, alle jungen Männer, die als Gefährder gelten, vorsorglich in Internierungslagern unterzubringen, zu ihrem eigenen Schutz, wie die Befürworter sagen. Viele Länder haben kaum noch eine freie Presse, da die Machthaber gleichzeitig Inhaber der Medienkonglomerate sind. Die meisten Menschen beziehen ihre Informationen und Nachrichten aus sozialen Medien, die individuell zugeschnittene und Nachrichteninhalte mit gezielter Produktwerbung verbinden.

Unter dem Druck der Ereignisse wandelt sich die Migrationspolitik. Mehr als 100 Millionen Menschen haben ihre Heimat verlassen – weil sie gezwungen wurden, weil das Leben unerträglich war, weil es zu viele Menschen auf einem Fleck gab, weil sie auf ein besseres Leben hofften. Besonders die Bevölkerungsexplosion in Afrika ist zu einem dauernden und unlösbaren Problem geworden. Einige der reichen Länder betreiben eine aktive Migrations- und Integrationspolitik, die Neuankömmlingen einen klaren Weg zur Staatsbürgerschaft weist, andere weigern sich, Migranten einzubürgern, und haben bald neben der eigenen Wirtschaft eine Schattenwirtschaft der Eingewanderten, die keine Steuern zahlen, deren Kinder keine Schulen besuchen. Sie stehen außerhalb des Systems. Einige wenige Länder halten am strikten Heimatschutz fest. Sie haben an ihren Grenzen Selbstschussanlagen installiert oder setzen auf Abschussdrohnen.

Mit dem großen Umschwung sind die westlichen Länder aber weniger interessante Immigrationsziele geworden. Stattdessen gewinnen internationale Initiativen an Bedeutung, die versuchen, *displaced persons* im jetzt gemäßigten Sibirien und im Norden Kanadas anzusiedeln, was auf erheblichen politischen Widerstand stößt. Unterstützer argumentieren, dass es die einzige Möglichkeit ist, größere Katastrophen zu verhindern.

In einer Zeit, in der sich große Teile der Weltbevölkerung, darunter zahllose Bauern, die ihr Ackerland verlassen mussten, in Gigapolen konzentrieren, verändern sich auch die Städte. In armen Ländern mit schwachen Staaten werden sie zu dystopischen Orten ohne Autorität oder Infrastruktur, die von Banden regiert werden, eine neue Art von Barbarei. In stabilen Staaten aber wachsen neue Arten von Städten, die ihre Energie aus der Umwelt beziehen. Grüne, bis an die Spitze von Bäumen und anderen Pflanzen bewachsene Wolkenkratzer fügen sich zu vertikalen Wäldern und verändern das Stadtleben völlig. Gerade durch ihre Hochtechnologie können Städte es sich erlauben, Teil der Natur zu werden.

Fast 20 Jahre nach dem großen Umschwung ist die Weltwirtschaft kaum noch wiederzuerkennen. In den meisten Ländern ist sie noch immer kapitalistisch, und der Markt für neue Ideen und Technologien ist stärker denn je. Gleichzeitig hat die Automatisierung die Ökonomien Südostasiens zeitweilig zurückgeworfen, weil Billigarbeit ihren Wettbewerbsvorteil verloren hat und ein Großteil der Produktion von Konsumgütern in vollautomatisierten Fabriken in den Zielmärkten stattfindet. Das hat zu erheblichen politischen Spannungen geführt und mehrere Staaten in Diktaturen verwandelt. Die Entwicklung aber ist nicht aufzuhalten. Roboter sind so flexibel geworden, dass eine Fabrik, die Solarfahrzeuge herstellt, innerhalb von wenigen Tagen auf die Produktion von Haushaltsgeräten oder sogar von Kleidung umgestellt werden kann. China hat seine Rolle als Weltmarktführer bei erneuerbaren Energien ausgebaut und sich damit eine dominante Stellung gesichert, aber durch mehr Investition in Forschung ziehen andere Länder nach. Um rasche Innovation zu ermöglichen, werden Patentgesetze wesentlich abgeschwächt. Wissen ist jetzt schneller rechtefrei, Erfinder und Entwickler erwarten geringere Profite. Der Ausfall wird von staatlichen Forschungsbudgets übernommen, die ihre brillantesten Köpfe gut bezahlen und gleichzeitig alle Erfindungen zum Allgemeingut machen. Projekte, die mithilfe öffentlicher Gelder entstehen, und auch viele privat betriebene Projekte werden als Digital Commons weltweit zugänglich gemacht. Die meisten von ihnen werden gemeinschaftlich von Wissenschaftlern und Computern auf der ganzen Welt entwickelt, die Ergebnisse von empirischen Forschungen und Experimenten werden direkt in das System eingespeist.

Der eigentliche Wettbewerb findet jetzt, abgesehen von der Biotechnologie, nicht mehr bei Konsumprodukten, sondern im Bereich der erneuerbaren Energien, neuer Materialien und in der Robotik statt. Auf all diesen Gebieten stehen Wissenschaftler nicht nur im Wettbewerb mit anderen Wissenschaftlern, sondern auch mit immer intelligenterer und auch immer kreativerer Software – ein Wettlauf, den die Wissenschaftler langsam, aber sicher verlieren. Nachdem Probleme der Mustererkennung, der Kontextualisierung und der Spracherkennung gelöst wurden, wird nun auch der abgesehen von der Feinmotorik einzige Vorsprung des Menschen, die Intuition, sehr effektiv von ausgeklügelten Zufallsgeneratoren simuliert. Das Verhältnis zur digitalen Technik hat sich vor allem bei jungen Menschen grundlegend geändert. Während eine immer größere Zahl ihr Leben nur noch über Bildschirme und Sprachbefehle zu steuern scheint, hat sich eine ganze Bewegung vornehmlich jüngerer Bürger der analogen Welt verschrieben und nutzt digitale Geräte nur, wenn es unvermeidlich ist. Gleichzeitig hilft diese Technologie auch beim Erreichen der selbstgesteckten Umweltziele, denn sie kann die größtmögliche Effizienz von Systemen berechnen und findet völlig selbstständig neue Lösungen für entstehende Probleme. Die ständig zunehmende Kompetenz der Maschinen – einige Wissenschaftler sprechen schon von Bewusstsein – macht vielen Menschen Angst, sie ist eine der großen Variablen der Zukunft. Wann werden Menschen überflüssig?

Ältere Menschen, die früher in Konzernen oder in der Politik tätig waren, machen eine erstaunliche Feststellung. Während sich vor zwei Jahrzehnten noch alles um Quartalszahlen, Aktienkurse, Produktivität und Umsatzsteigerung drehte, sind die Unternehmer von heute entspannter geworden. Sie sind immer noch ehrgeizig und getrieben, wollen immer noch Geld und Erfolg, aber ihre Produkte unterliegen längeren Zyklen, ihre Angestellten müssen motiviert sein, sonst bleiben sie nicht, das Arbeitsklima muss stimmen, und die Produkte oder Dienstleistungen müssen etwas bieten, das Menschen wirklich brauchen. Die meisten Menschen haben weniger Geld als noch vor einem Jahrzehnt, aber sie leben auch mit weniger Konsumdruck und definieren sich weniger stark über Produkte und mehr über andere Aktivitäten, Assoziationen und kulturelle Teilnahme.

Diese Tatsache verblüfft die Wissenschaftler, die den großen Umbruch und seine Auswirkungen beobachten. Natürlich, manche Menschen kaufen noch immer sündhaft teure Handtaschen. Aber eine wachsende Zahl von Verbrauchern scheint das Interesse am Verbrauchen zu verlieren. Das schafft Probleme für die Wirtschaft, die noch immer in einer Wachstumsfalle steckt. Der Übergang zu einer Wirtschaft, die Innovation begünstigt und wachsen kann, aber nicht muss, gestaltet sich schwierig, und manche Länder sind wesentlich erfolgreicher darin als andere. Aber es ist nicht mangelndes Geld, das Menschen davon abhält, einkaufen zu gehen. Wie es scheint, haben sie jetzt etwas anderes zu tun.

Die Chance, eine echte Zukunft aufbauen zu können und zu müssen, hat vielen Menschen eine neue Art von Transzendenz verschafft, eine Hoffnung auf ein gemeinsames Ziel. Langsam beginnt sich die Meinung durchzusetzen, das Hauptkapital einer Gesellschaft liege in der Qualität der natürlichen Ressourcen und der Lebensqualität der Menschen. Für viele ist der Umbruch zu einem persönlichen Projekt geworden, das ihnen wieder Hoffnung gibt. Manche Wissenschaftler bringen diesen Trend mit dem Kollaps der national-populistischen Parteien in Verbindung, die vorübergehend eine wichtige und schrille Rolle in der Politik gespielt haben.

Natürlich gibt es noch immer Nationalismus und rassistische Vorurteile, politische Kämpfe und Interessenkonflikte; Gier und Dummheit sind so weit verbreitet wie zuvor, aber durch den Traum wissen alle, dass die Transformation vorangetrieben werden muss, auch wenn sie häufig ganz unterschiedlicher Ansicht darüber sind, wie das geschehen soll. Gerade die Nationalisten sind in einem fortwährenden Rückzugsgefecht gefangen, weil sie nicht erklären können, wie sie ihr Volk vor der globalen Transformation schützen wollen, da Klima und Digitalisierung vor Mauern nicht Halt machen.

Viele Menschen haben nach den Ereignissen der vergangenen Jahre das Vertrauen in Politiker verloren. Ab und zu taucht irgendwo jemand auf, der einige Jahre lang als Messias gefeiert wird, aber die Maschine der technokratischen Demokratie beginnt zu schnauben und zu stottern. Die Leute haben begriffen, dass die Entscheidungen, die sie jetzt fällen, nicht nur ihr Leben, sondern auch das Leben oder Überleben ihrer Kinder unmittelbar betreffen. Bei einem so hohen Einsatz wollen immer mehr Menschen selbst Entscheidungen treffen und sie umsetzen – zur Not am Staat vorbei.

Vielerorts bilden sich Bürgerkomitees, die sich zusammentun, um ihre eigene Versorgung mit Energie und anderen Notwendigkeiten des Lebens zu sichern und untereinander zu koordinieren. Das funktioniert nicht überall. An manchen Orten wird der Kollektivismus bedrückend, an anderen findet gar kein Zusammenschluss statt, und die Bewohner sind ihren lokalen Schwierigkeiten allein ausgeliefert. So wird der Beruf des Politikers selbst zu einem Relikt der Vergangenheit. Stattdessen werden Aktivisten und engagierte Bürger, die ihre Laufbahn außerhalb von Parteien gemacht haben, mit wichtigen Ämtern betraut.

In der politischen Entscheidungsfindung laufen Pilotprojekte, alle wichtigen Entscheidungen nach verschiedenen moralischen und politischen Parametern von Algorithmen auf ihre wahrscheinlichen Effekte durchrechnen zu lassen und diese Ergebnisse dann zur Wahl zu stellen. Kritiker warnen schon lange, dass diese Methode zwar objektiv erscheint, tatsächlich aber den Entwicklern und Eigentümern der Algorithmen übermäßig viel Macht verleiht. Der Einwand, dass die Systeme sich inzwischen vollständig selbst programmieren, beruhigt sie nicht. Sie fürchten eine Herrschaft der virtuellen Welt über die analoge und werden als technologiefeindlich verschrien.

Das Finanzsystem war nicht auf den Traum vorbereitet. Obwohl aber die Aktien vieler, sonst als sicher geltender Unternehmen steil abstürzten – besonders der Öl-Sektor war betroffen –, blieb die globale Finanzkrise diesmal aus. Neue Investitionen in erneuerbare Energien und Biotechnologie können die Ausfälle nur teilweise ausgleichen, vor allem weil die Einführung realer Preise die Grundannahmen der Spekulation völlig über den Haufen geworfen hat. Der gesamte Aktienmarkt kühlt ab. Für einige große Banken und für Konzerne, die in den ärmsten Ländern produzieren ließen, ist dieser Wechsel eine Katastrophe. Diesmal werden die Banken nicht gerettet. Die Propheten der Wall Street sagen den Weltuntergang voraus. Der aber bleibt aus.

Gerade in den Vereinigten Staaten wäre die Apokalypse fast Wirklichkeit geworden. Unmittelbar nach dem Traum ist es zu bürgerkriegsähnlichen Zuständen gekommen. Umweltaktivisten bekommen enormen Zulauf und lehnen sich gegen die Politik der Regierung auf, besetzen Wasserreservoirs und Elektrizitätswerke, Bürgerrechtler führen eine Protestbewegung an, können ihren radikalen Flügel aber nicht kontrollieren, Konservative bewaffnen sich mit schwerem Gerät und igeln sich in *gated communities* ein, Sektenmitglieder fliehen in die Berge, evangelikale Prediger bilden eigene Milizen. Mehrere Südstaaten befinden sich jahrelang im Kriegszustand. Die mexikanische Regierung unterstützt die Umweltrebellen finanziell und logistisch, um auf lange Sicht Kontrolle über das Wasser des vom Austrocknen bedrohten Colorado River zu bekommen.

Die Revolte der Zukunft, wie sie genannt wird, kulminiert in der Absetzung der 49. Präsidentin, die nicht von der Leugnung des Klimawandels ablassen wollte und maßgeblich von der fossilen Rohstofflobby finanziert wurde. Eine Interimsregierung aus Bürgerräten übernimmt die Amtsgeschäfte, die Neuwahlen verlaufen chaotisch, 37 Parteien kommen in den Kongress und bilden eine große Koalition der Transformation.

Kritiker nennen es ein Sowjetsystem. Ein Umsiedlungsprogramm vermittelt Menschen aus wegen Wassermangel und Staubstürmen unbewohnbar gewordenen Städten wie Phoenix und Dallas in andere Staaten, hauptsächlich nach Wisconsin und nach North Dakota, wo sie auf den Zitrusplantagen arbeiten können.

In Europa hat der Traum ähnliche, aber andere Folgen gezeitigt. Nach dem Kollaps der EU ist der Kontinent in Schockstarre. Dann aber formiert sich eine Bürgerbewegung, die von Jugendlichen getragen wird. Diese Revolte der Jugend wirbt mit dem Slogan »Hände weg von unserer Zukunft!« und fordert, alle Menschen über 30 aus verantwortlichen Positionen zu entfernen. Ihr Anführer ist gerade 17 geworden. Anfangs kommt es zu gewalttätigen Protesten. Nachdem aber in Spanien zwei alte Menschen auf der Straße erschlagen und mit Hassbotschaften beschmiert entdeckt werden, setzt eine Phase des Realismus ein. Ein Flügel der »Hände weg!«-Aktivisten gibt seine dogmatische Haltung auf und lädt auch Menschen jenseits der 30 ein, zumindest als Berater an der Kampagne teilzunehmen. So formt sich eine breite, europaweite Koalition, die über Internetabstimmungen Repräsentanten wählt. Die neuen Abgeordneten des sich formenden europäischen Völkerbundes laden die Vertreter der europäischen Regierungen in den verlassenen Gebäuden der ehemaligen EU zu Gesprächen.

Die revoltierende Jugend, Umweltaktivisten und eine kleinere Gruppe von Humanisten finden sich zur *One-Earth-One-Europe*-Bewegung zusammen, die mit direkten Mandaten über nationale Grenzen hinweg eine Kampagne zur Umstellung der Wirtschaft ins Rollen bringt. Die Bewegung ist ausgezeichnet vernetzt und veranstaltet Diskussionen und Abstimmungen über soziale Medien, Bürger aus allen Ländern sind beteiligt, weit über die europäischen Grenzen, bis nach Neuseeland und Japan, mit wachsenden indischen und chinesischen Kontingenten. Eine globale Jugendbewegung formiert sich, die ihre Zukunft nicht mehr den Älteren anvertrauen will. Wenige ältere Menschen leisten ernsthaft Widerstand gegen diese Bewegung. Einerseits sind viele von ihnen bestürzt über die Entwicklungen, die sie nicht verhindert haben, andererseits verspüren sie auch nicht die Notwendigkeit, sich zu widersetzen. Etwas hat sich geändert in der Gesellschaft, auch wenn es schwer zu benennen ist. Die Frage, die sich Menschen 20 Jahre zuvor gestellt haben, nämlich: »Was sage ich, wenn mich meine Kinder oder Enkel eines Tages fragen, warum wir nicht mehr getan haben?«, stellt sich nicht mehr.

Diese Kinder werden gerade selbst zu aktiv an den gesellschaftlichen Entwicklungen Beteiligten. Nach 20 Jahren wird die erste Generation derer erwachsen, die nie etwas anderes gekannt haben als die Welt nach der großen Umwälzung. Sie haben ganz andere Gewohnheiten und Haltungen als ihre Eltern. Sie sind *Transformation Natives*. Eine von ihnen studiert Geschichte und wird später über das frühe 21. Jahrhundert schreiben. Sie ist fasziniert von einer Gesellschaft, die glaubte, ohne Zukunft und ohne Hoffnung überleben zu können.

EINE ART HOFFNUNG

Wenn wir unsere Zukunft gestalten wollen,
müssen wir über uns hinauswachsen.

NELSON MANDELA

Es ist eine relativ riskante Strategie, sich blind auf die Zahnfee der Geschichte zu verlassen. Trotzdem wäre dieses Szenario durchaus realistisch, wenn Menschen zwar nicht klüger oder selbstloser würden, aber plötzlich begreifen würden, in welcher Situation sie sich befinden, was allen bevorsteht oder bevorstehen könnte.

Ohne Hilfe aus dem Reich der Feen wird es schwieriger werden, diese große Umwälzung auf den Weg zu bringen, um nicht von ihr überrollt zu werden. Normalerweise geschehen solche Umbrüche im Laufe von Generationen (siehe Kleine Eiszeit), aber unter den gegebenen Umständen ist einfach nicht genug Zeit, sich auf den Mechanismus des kulturellen Vatermordes zu verlassen. Die Konflikte einer Generation müssen viel schneller ausgehandelt werden, um zu Lösungsansätzen zu kommen, solange noch Handlungsspielraum besteht.

Ich habe eingangs die Gesellschaften der reichen Welt als zukunftslos beschrieben, konzentriert auf Statuserhalt, auf eine nie endende Gegenwart. Diese Gegenwart ist bereits zu Ende – nur die Kulissen stehen noch. Um die seismischen Verschiebungen innerhalb dieser Gesellschaften und in einer globalen Risikogemeinschaft nicht nur zu erleiden, sondern zumindest teilweise gestaltend zu beeinflussen, wäre erhebliche, geradezu heroische Entschlossenheit vonnöten.

Es fällt nicht schwer, Manifestationen dieser Entschlossenheit zu erkennen. Forschungsprojekte auf der ganzen Welt arbeiten an neuen Methoden der Energiegewinnung, der Müllverwertung, des Recyclings. Als Sprecher werde ich oft auf Festivals für Literatur, Ideen und Philosophie eingeladen, auf denen kluge Projekte vorgeschlagen und besonders von jüngeren Teilnehmerinnen diskutiert werden, und es gibt mehr TED-Talks mit peppigen Lösungsvorschlägen, als ein Einzelner sich ansehen kann. Warum überzeugt mich all das nicht? Vielleicht, weil ich überall dieselben Menschen treffe, Menschen eben, die zu solchen Festivals und Vorträgen gehen und die einen leicht in der Illusion wiegen können, dass alle, dass viele Menschen so denken.

Tatsächlich beschäftigt sich eine Minderheit mit diesen Herausforderungen. Auch in hochentwickelten Ländern kennt ein Großteil der Bürgerinnen und Bürger diese Probleme nicht, leugnet sie, glaubt, davon nicht direkt betroffen zu sein oder hat ihre Implikationen einfach noch nie zu Ende gedacht.

Demokratie ist eine träge Maschinerie, konzipiert, wie Herfried Münkler einmal bemerkte, um Entscheidungen zu verlangsamen. Zweifellos wäre angesichts so dringlicher und existenzieller Probleme wie dem Klimawandel ein weiser Weltdiktator die beste Chance der Menschheit – aber auch der weiseste Diktator hat einen blöden Sohn, eine törichte Tochter oder einen ehrgeizigen Berater. So bleibt nur die heillose Mittelmäßigkeit der Demokratie, der schlechtesten aller Staatsformen, abgesehen von allen anderen.

Die liberalen Demokratien erleben gerade das Zusammenbrechen eines sozialen Konsenses, der die Nachkriegszeit in

Europa und den USA prägte und in Europa mit der sozialen Marktwirtschaft das vielleicht menschlichste kapitalistische System schuf, das die Geschichte kennt. Nach dem Abriss dieses Systems durch die Avantgarde der freien Marktwirtschaft und unter dem Eindruck von Migration und Terrorismus verändert sich das Meinungsklima radikal, sodass der Eindruck entstehen muss, die Gesellschaften des Westens hätten auch intern kein gemeinsames Projekt mehr. Konkurrierende Individuen in einem Kampf mit ungleichen Mitteln, Konsumenten, deren persönliche Lust oder Unlust über alles entscheidet, Menschen, die langsam von Maschinen verdrängt werden, und Bürger, die zwei ideologische Familien gebildet haben, den Markt und die Festung – das kommerzielle Narrativ der Nachkriegszeit hat die Menschen des Westens gründlich umerzählt.

Ist es möglich, diese Geschichte zu durchbrechen? Nachdem wir jahrzehntelang am Altar des Marktes geopfert haben, ist uns das zur zweiten Natur geworden. Es ist zur scheinbar notwendigen und natürlichen Ordnung der Dinge geronnen: Alle Menschen sind Verbraucher, Monaden im ewigen Wettbewerb miteinander, angetrieben von der Sehnsucht nach der kommerziellen Transzendenz, ein geglücktes Leben wird durch Wohlstand definiert. Sich ein gemeinsames Projekt jenseits des Marktes auch nur vorzustellen ist längst kontraintuitiv geworden. Es umzusetzen scheint unmöglich.

Zumindest in dieser Hinsicht lässt sich Hoffnung aus der Vergangenheit schöpfen. Die Geschichte ist voller Projekte, die, vor dem Horizont ihrer Gegenwart betrachtet, als absurd und unmöglich galten, dann aber – oft erstaunlich schnell – Wirklichkeit wurden, von der Idee der Gleichheit und der Menschenrechte über die Befreiung der Sklaven und die Emanzipation der Frauen bis hin zur Homo-Ehe, ganz zu schweigen von technologischen Entwicklungen. Die Alchemie des kollektiven Handelns macht das Unmögliche immer wieder möglich, wenn es genug Menschen gibt, die überzeugt und entschlossen genug sind, sich dafür einzusetzen.

Die Ironie dieser Situation ist, dass sich das gemeinsame Projekt, die gemeinsame Hoffnung, die in vielen Gesellschaften zu fehlen scheint, direkt vor unserer Nase befindet. Eine wirklich entschlossene und schnelle Transformation unserer fossil befeuerten Wachstumsökonomien, eine grüne Revolution von Wirtschaft und Gesellschaft und eine internationale Politik der pragmatischen Solidarität würden immense wirtschaftliche, politische, kulturelle und imaginative Ressourcen beanspruchen, aber auch enorme wirtschaftliche, wissenschaftliche und kulturelle Energien freisetzen. Das Neu-Imaginieren ganzer Gesellschaften, Wirtschaftsmodelle, Demokratien, sozialer Praktiken, digitaler Interaktionen und schließlich auch der Ideen und Identitäten ist die größte Herausforderung, das größte gemeinsame Projekt, das vorstellbar ist. Durch diesen Prozess, durch gemeinsamen Einsatz und gemeinsamen Verzicht, könnte wieder eine Dynamik entstehen, die Menschen wieder hoffen lässt. Die Wirklichkeit ist allerdings nicht so, wie Philosophen, Ökonomen oder Theologen sie entwerfen. Sie ist in den Worten des irischen Dichters Louis MacNeice »unverbesserlich vielfältig«.

Die Idee eines gemeinsamen Projekts muss sich aber auch die Frage gefallen lassen, ob es nicht genau solche gesellschaftlichen Projekte und gemeinsamen Identitäten sind, von denen sich die Aufklärer, Reformer und Aktivisten über die Jahrhunderte losmachen wollten. Es ist kaum originell, aber trotzdem wichtig anzumerken, dass das Projekt, das westliche Länder bis in die Zeit der fast manisch optimistischen Viktorianer und noch bis zum Ersten Weltkrieg praktizierten, eine Vision von

Gemeinschaft war, die letztlich nur weißen, vermögenden Männern diente und anderen, zum Beispiel auch allen Frauen, niedere Plätze in der von Gott oder der Natur bestimmten Hierarchie zuwies. Eine große und scheinbar wachsende Zahl von Menschen trauert dieser Ordnung nach und wünscht sich zurück in die Festung, wo der Schlossherr schon wissen wird, was zu tun ist.

Wer dies aber nicht will, muss Hoffnung wagen, zur Not auch gegen alle pragmatische Evidenz – Pessimismus der Vernunft, Optimismus des Willens, wie es Antonio Gramsci formulierte. Auch wenn alle Wegweiser in eine erschreckende Richtung zeigen, so ist der Verlauf der Zukunft noch nicht kartografiert und kann immer unerwartete Wege einschlagen, immer können scheinbar unwichtige Faktoren sich als entscheidend erweisen und ganz neue Möglichkeiten und Zwänge schaffen. Ein Beispiel dafür sind die Niederlande und ihre spanischen Besatzer im 17. Jahrhundert. Während das kleine Land an der nördlichen Küste Europas die Kleine Eiszeit dazu nutzte, Wirtschaft, Politik und Gesellschaft gegen den Willen seiner Besatzer neu zu ordnen, sah das unangreifbare und reiche Spanien keinen Grund, irgendetwas zu ändern. Dem Klima aber konnte auch das größte Reich seiner Zeit nicht widerstehen, und es zerbrach an seiner Rigidität.

Es ist verlockend, auch für die Gegenwart die Frage zu stellen, ob sich ein spanisches Szenario noch vermeiden lässt, ob sich die Gesellschaften, die das größte Interesse am Status quo haben, noch so dynamisch entwickeln könnten wie die Niederlande, die ihre Not zu einer immensen Chance ummünzten.

Aber Vorsicht. Dumme Hoffnung und naiver Optimismus sind die Totengräber vieler guter Ideen gewesen. (Hoffnung darf unrealistisch sein, nicht aber dumm.) Es ist der Optimismus des Kapitäns der *Titanic*, der sich dachte, das wird schon gehen, das Schlimmste wird schon nicht passieren, es kann gar nicht passieren.

Ein luzider Optimismus muss von der Möglichkeit des Schlimmsten ausgehen und begreifen, dass es nicht reichen wird zu warten, bis alle Menschen guten Willens sind, sich begeistert in Bürgerinitiativen engagieren und auf dem Bauernmarkt einkaufen. Sehr viele Menschen sind erstaunlich schlecht informiert, verständlicherweise auf ihren eigenen Vorteil (oder was sie dafür halten) bedacht, sind vollauf damit beschäftigt, ihr tägliches Leben zu meistern. Viele Menschen glauben nicht, dass dieses Problem ihres ist. Eine Demokratie kann sich ihre Bürger nicht aussuchen, besonders dann nicht, wenn sie von einem rein ökonomischen Projekt verbogen wurden.

Ein luzider Optimismus muss sich fragen, was er anzubieten hat in der öffentlichen Debatte, ob und wie er die Echokammern penetrieren kann. Auch die Aufklärer kämpften diesen Kampf um soziale Hoffnung in Gesellschaften, denen transformative Ideen und der Gedanke an einen kollektiven Fortschritt durch Wissenschaft und rationales Denken im Prinzip fremd waren. Gleichzeitig aber war die Vernunft nicht alles, wofür sie kämpften. Es ging ihnen um Menschlichkeit, Richard Rorty würde sagen, um ein Vermindern der Grausamkeit, um ein gemeinsames moralisches Projekt, eine gemeinsame Fiktion.

Eine neue Form der Wirtschaft, die industrielle Revolution, machte es dieser Fiktion möglich, in der Gesellschaft Fuß zu fassen und sie zu transformieren. Heute ist die Herausforderung größer, der Einsatz ungleich höher, die Zeit knapp. Umso wichtiger scheint es, Narrative zu schaffen, die über den Gegensatz von Markt und Festung hinausweisen und sich die Frage stellen, wie unsere Gesellschaften in 30 Jahren aussehen sollen.

Aufklärung ist kein Dogma, sondern eine Haltung, ein »Ethos«, wie Michel Foucault das formulierte. Sie war und ist eine weitläufige Landschaft von Individuen und Gruppen, die sich trauen, gegen etablierte Frömmigkeiten anzudenken, ihrer Vernunft und der Beweiskraft der Fakten zu folgen (auch um zu verstehen, dass sie keine rationalen Tiere sind) und neue Möglichkeiten zu entwerfen, neue Denkräume aufzutun. Es ist unabdingbar, das Erbe der Aufklärung kritisch zu durchleuchten und das Projekt auch in seinen Widersprüchen zu begreifen, aber ihre Stoßrichtung ist noch immer eine zentrale Herausforderung, besonders angesichts der sich immer weiter beschleunigenden Entwicklung der digitalen Technologien. Der Luxus der Ignoranz kann lebensbedrohlich werden.

Eine neue Aufklärung ist nicht die Lösung aller Probleme. Das Entstehen einer neuen Gesellschaftsform – oder der Untergang einer alten – ist keine Mathe-Aufgabe, bei der nach Anwendung der entsprechenden Formeln rechts neben dem Ist-Zeichen ein korrekter Wert einzutragen ist. Manche Probleme haben keine Lösung, manche Situationen bleiben tragisch.

Gerade in einer tragischen Situation ist es wichtig, nicht das zu glauben, was einem ein warmes Bauchgefühl verschafft, sondern so viel Klarheit wie möglich zu gewinnen. Die Menschen, die heute leben, werden Weichen stellen, ob sie es wollen oder nicht. Vielleicht hat niemand darum gebeten, zu einer Generation zu gehören, die das Schicksal künftiger Generationen wesentlich mitbestimmt, einer Generation mit einer singulären Verantwortung. Das aber ändert nichts an der Situation.

Immer wieder hat sich die Einsicht durchgesetzt, dass die Wahrheiten einer historischen Periode die Lügen einer anderen sind. Wer heute noch ernsthaft behauptet, die Erde sei eine Scheibe, der wird zu Recht verlacht. Wer sich aber darüber lustig macht, muss auch begreifen, dass wir inzwischen nicht mehr glauben können, die Erde sei der Mittelpunkt von irgendetwas anderem als unserem Erleben. Homo sapiens bevölkert einen mittleren Planeten in einer von Hunderten von Milliarden von Galaxien, von denen jede Milliarden Sterne und Abermilliarden Planeten zählt. Es gibt keinen großen Plan für die Menschheit, keine schützende, unsichtbare Hand.

Auch wenn die Erderwärmung außer Kontrolle geraten und diesem seltsamen und faszinierenden Organismus – uns – die Lebensgrundlage entziehen sollte, so würde es nur wenige Jahrhunderttausende dauern, bis sich das Leben wieder erholt und in neuer Vielfalt und Schönheit floriert – ohne dass menschliche Augen es zu sehen bekommen. Hefesporen würden sehr wahrscheinlich jede Klimakatastrophe überleben. Homo sapiens wird es nur schaffen, wenn er sich einmal in seiner Karriere auf diesem Planeten nicht wie eine Hefekultur verhält.

Eine aufgeklärte Haltung ist nur ein zerbrechlicher Anfang in einem Prozess, der sich über Generationen entfalten wird. Heute ist kaum noch jemand daran gewöhnt, in solchen Zeiträumen zu denken – das Bewusstsein der Wirtschaft flimmert von Quartal zu Quartal. Aber nicht nur die Erbauer der Kathedralen, die wussten, dass sie persönlich niemals das fertige Gebäude sehen würden, haben diesen langen Atem gehabt. Auch die Philosophen der Aufklärung, die Gegner der Sklaverei, die Civil-Rights-Aktivisten haben sich für Projekte eingesetzt, die nicht nur wenig Aussicht auf Erfolg hatten, sondern die auch das Werk mehrerer Generationen waren. Wissenschaftler, Handwerker und Künstler stehen ebenfalls in dieser Kette von Arbeit und Einsatz, die weit über ihre eigene Arbeit hinausweist.

Unmögliches ist im Laufe der Geschichte immer wieder Wirklichkeit geworden, auch wenn anfangs niemand wusste, wie es möglich sein sollte. Es ist, wie Richard Sennett sagen würde, auch eine handwerkliche Herausforderung: mit der eigenen Arbeit etwas zu schaffen, auf das man stolz sein kann, und auf dem Wege der Realisierung immer neue Probleme zuerst zu schaffen und dann zu lösen. Das Problemeschaffen kommt immer zuerst. Deswegen ist dies auch nicht die Zeit für große Antworten, sondern vor allem für gute Fragen.

Wenn genug Menschen die Geduld, die Ausdauer, den Mut, die Bereitschaft zum Verzicht, die Ironie, die Leidenschaft, die Wachheit, die Menschlichkeit und die Solidarität haben, wenn sie sich weigern aufzugeben, kann aus diesem Anfang wieder eine Stimme werden, die laut und überzeugend genug ist, um ein neues Narrativ zu schaffen.

Es ist seltsam, diese Zeilen zu schreiben. Sie klingen pathetisch und seltsam altmodisch in einer Gesellschaft der Coolen. Gleichzeitig habe ich noch nie ein Buch geschrieben, das mich so sehr hoffen ließ, dass Menschen in 30 oder 40 Jahren herzlich darüber lachen werden, als ein amüsantes Beispiel dafür, worüber man sich vor einer Generation noch Sorgen gemacht hat.

Dieser Gedanke birgt eine perverse Hoffnung. Wissenschaft arbeitet mit Modellen, die qua Definition reduktiv sind; Analysen werden verzerrt durch implizite Annahmen und selektive Blindheit. Niemand weiß, was geschehen wird, niemand kennt alle Faktoren und komplexen Kausalitäten, die im Nachhinein immer logisch erscheinen. In dieser Unsicherheit liegt eine mögliche Zukunft, eine Verpflichtung sogar.

Was auf dem Spiel steht? Alles.

WIR SIND ALLE KINDER DER AUFKLÄRUNG

I

Ich bin als Kind der Aufklärung aufgewachsen und hatte das Glück, in einem Haus voller Bücher zu leben. Das hat meine Fantasie befeuert, wenn auch manchmal ganz anders als erwartet.

Ein Beispiel: Wie alle Vierzehnjährigen fand ich das Leben überwältigend und unerklärlich – also griff ich in den Bücherschrank und fand Immanuel Kants Kritik der reinen Vernunft. Ich hatte gehört, dass das ein großes Buch sei, und ich hoffte, die Philosophie würde mir mein Leben erklären, in klaren Sätzen und Regeln. Das Ganze war irgendwie erhaben und klang sehr beeindruckend, aber es machte mich ratlos. Mein Leben stand Kopf, und das System des großen Kant hatte nichts dazu zu sagen. Wie viele hoffnungsvolle Leser vor und nach mir legte ich das Buch enttäuscht zur Seite.

Und trotzdem war da diese Idee, in die ich mich – ich war schließlich im richtigen Alter – unsterblich verliebte: die Behauptung, dass ich einen Pfad durch diese chaotische Welt aufspüren könne und die dafür nötige Landkarte nicht in einer heiligen Schrift zu finden sei, nicht in einer Bibliothek oder einem Mythos – sondern in mir, in meiner Vernunft: einer

Fähigkeit zu denken, die allen Menschen eigen und so natürlich wie das Atmen ist.

Aus der ersten intellektuellen Liebe ist eine lebenslange, nicht immer reibungslose Beziehung zum methodischen Denken geworden, eine seltsame Fernbeziehung zu jenen leuchtenden Ideen von Leuten, die längst nicht mehr am Leben sind.

Die für mich wichtigste Begegnung dieser Art war die mit dem unwiderstehlich sinnenfreudigen und scharfsinnigen Denis Diderot im vorrevolutionären Frankreich, der als Herausgeber der großen Encyclopédie bekannt wurde und der in seinen Briefen, literarischen Texten und Essays ein radikal humanistisches Weltbild erschrieb und erdachte.

Diderot und die anderen Autoren des 17. und 18. Jahrhunderts lebten zu einer Zeit, in der die hellsten Köpfe gerade begannen, die ersten Atemzüge der Moderne zu spüren.

Bei ihnen lernte ich, dass weder die Aufklärung noch die Philosophie überhaupt aus einem Katalog von Lehrsätzen und dicken Büchern besteht, sondern aus einer Landschaft von Debatten, Provokationen, Entwürfen und Experimenten. Philosophie ist, wie die Schweizer Philosophin Barbara Bleisch es formuliert, »riskantes Denken«.

In einer Welt, in der die Macht von Thron und Altar absolut war, wagten es diese Denker, alles um sich herum und in sich selbst in Frage zu stellen und neu zu begreifen. Sie ließen sich durch Zensur und Geheimpolizei nicht einschüchtern und riskierten sogar, durch ihre skandalösen Gedanken über Religion und über Menschenwürde zu Fremden im eigenen Land und in der eigenen Familie zu werden.

Trotz dieser oft sehr realen Gefahren erwies sich das klare Denken als unwiderstehlich und hat dadurch unsere Gegenwart geprägt: Menschenrechte, liberté – égalité – fraternité, life – liberty – and the pursuit of happiness, Demokratie, Naturwissenschaft, die Befreiung der Sklaven, das Ende der Kirchenherrschaft und die Emanzipation der Frauen wären ohne die Aufklärung buchstäblich undenkbar.

II

»Wir sind alle Kinder der Aufklärung.« Dieses Bekenntnis ist inzwischen zur Phrase verkommen. Politiker, Journalisten und Historiker reden so, als wäre es eine selbstverständliche Tatsache.

Dabei widerlegt gerade die Gegenwart ganz offensichtlich solche Bekenntnisse, denn es hat in westlichen Ländern seit dem Ende des Totalitarismus keinen so weitreichenden und mächtigen Angriff auf die Aufklärung gegeben wie heute.

Die Aufklärung ist der Versuch, das kritische Denken und den Respekt vor Fakten höher zu achten als Meinungen, Vorurteile, Gefühle, Traditionen oder Dogmen. Dieses Prinzip ist plötzlich in die Defensive geraten:

In Zeiten von Fake News, in denen Faktenwissen von Filterblasen abgewehrt wird, ein amerikanischer Präsident sich selbst als Lügner täglich überbietet und in denen auch hierzulande »stichhaltige Gerüchte« bemüht werden, um die alte Mär von der jüdischen Weltverschwörung wieder wach zu kitzeln, muss man diesen Punkt nicht weiter ausführen.

Auch die universellen Menschenrechte sind längst zu einer rhetorischen Beschwichtigung zusammengeschnurrt. Denn selbstverständlich gilt global ein Zwei-Klassen-Menschenrecht. Wer im reichen Westen geboren ist, hat mehr Rechte, mehr Freiheiten, mehr Chancen – und das auch auf Kosten anderer.

223

Christoph Ransmayr, kürzlich aus Ruanda zurückgekehrt, formuliert diesen Zusammenhang so:

Ohne die hier geschürften Erze und seltenen Erden, ohne die Gold- und Silber- und Diamantenminen und unzähligen anderen Bodenschätze, ohne die hier eingebrachten Ernten, ohne die Arbeitskraft von Abermillionen Sklaven und Billigstlohnarbeitern wäre Europa wohl bis zum heutigen Tag noch längst nicht jenes Paradies, als das es in jenen Flüchtlingsströmen ersehnt und bewundert wird …

Dieses Paradies ist, wie alle Paradiese, bedroht. Das universelle Denken und die universellen Menschenrechte sind abgelöst worden vom Rückzug auf das Eigene, auf die Nation, die Grenze. Freiheit, Gleichheit und Solidarität sind offensichtlich nur dann attraktiv oder durchsetzbar, wenn sie von hohen Mauern und Stacheldraht geschützt werden. Sie sind eben unsere Freiheit und unsere Gleichheit.

Aber was ist diese Freiheit wert, wenn sie darin besteht, nichts wissen zu müssen, nicht informiert sein zu müssen, sondern es sich wiederkäuend bequem zu machen? Und was ist die angemessene Reaktion auf Bürgerinnen und Bürger, denen offensichtlich ihre Mündigkeit lästig, Freiheit zu anstrengend und Gleichheit suspekt ist, die eine gefühlte Wahrheit einer durchdachten vorziehen?

In diesem Kontext nimmt der Satz »Wir sind Kinder der Aufklärung« eine andere Bedeutung an.

Immer öfter wird er auf dem ersten Wort betont und soll bedeuten: Wir sind Kinder der Aufklärung – keine Moslems also, keine kulturfremden Eindringlinge, denn die sind nicht wie wir, sie sind unaufgeklärt, nicht integrierbar, sollen bleiben, wo sie herkommen. Wir wollen behalten, was wir haben, wir bleiben, wie wir sind.

So wird die Aufklärung zur Waffe für den Erhalt des Status quo der Reichen und der Mächtigen.

III

Die Demontage der Aufklärung reicht weit über Europa hinaus. Auf dem ganzen Globus entstehen autokratische Staaten, werden längst überwunden geglaubte, autoritäre Strukturen und nationalistische Identitäten zum Programm oder zur Praxis, verlieren Wahrheit und Wissenschaft an Verbindlichkeit, greift freiwillige Verdummung Raum.

Vielleicht ist das einfach eine Reaktion auf die grundlegenden Veränderungen der Gesellschaft innerhalb von gerade einmal drei Generationen. Nach dem Fortschritt kommt der Rückschritt. Vor dreihundert Jahren war es einfach, an den Fortschritt zu glauben – heute beginnen die Nebenwirkungen des Fortschritts seine ursprüngliche Absicht zu überwältigen, und so kann sich Fortschritt selbst in sein Gegenteil verkehren. Vielleicht ist dies der Anfang vom Ende der aufklärerischen Gesellschaften. Nach uns der ethnische Pluralismus.

Wir bewegen uns zwischen den Kulissen der Aufklärung wie Schauspieler mit dem falschen Text im Bühnenbild eines längst abgespielten Stücks.

.

Aber warum passiert all das gerade jetzt, zu einer Zeit, in der weniger Menschen hungern denn je, weniger Menschen gewaltsam sterben und in der in unseren Ländern mehr Wohlstand und mehr Sicherheit herrschen als je zuvor?

Weil es immer mehr Menschen mit der Angst zu tun bekommen.

Immer mehr Menschen fürchten den Verlust von Besitz und Status, den Verlust einer vertrauten Welt, den Verlust der Hoffnung. Immer mehr Menschen sehen eine wachsende Kluft zwischen der offiziellen, liberal geprägten Wirklichkeit und dem, was sie selbst erleben.

Die globale Wirtschaftsordnung ist zu einer bitteren Parodie der aufgeklärten Gedanken mutiert, auf die sie sich beruft. Sie ersetzt die Rationalität durch die Rationalisierung, den Universalismus durch den globalen Markt, die Freiheit des Menschen durch die Wahl der Konsumenten zwischen Produkten und die Gleichheit durch statistische Normierung. Bürgerrechte werden zu Garantieleistungen, denn in dieser Welt braucht man keinen Pass, sondern eine Kreditkarte.

Im globalen Maßstab hat diese Parodie der Aufklärung alte soziale Strukturen zertrümmert und – um mit dem polnisch-britischen Soziologen Zygmunt Bauman zu sprechen – eine »flüssige Moderne« geschaffen, in der Gesellschaften, Märkte, Ökosysteme und Identitäten in dauerndem Aufruhr sind.

Diese Parodie erklärt einen Teil der Angst, die in unsere Gesellschaften sickert.

Zur Veränderung kommt die Verlogenheit. Politiker und Ökonominnen sprechen von Wirtschaftswachstum, von Innovation und Produktivität, von Vollbeschäftigung und Wohlstand, aber gleichzeitig verdienen immer weniger Menschen immer mehr, während immer mehr Menschen begreifen, dass es für sie keine bessere Zukunft gibt, dass sie zwar für das System funktionieren müssen, das System aber nicht für sie.

Immer mehr Menschen spüren, dass die künstliche politische Idylle der Nachkriegszeit vorbei ist, dass die Geschichte zurückgekehrt ist nach Europa, mit all ihren längst überwunden geglaubten Schattenseiten – und mit ihr ihr Lebensabschnittsgefährte, der alles beherrschende Markt.

So wird die Zukunft nicht mehr als Verheißung, sondern als Bedrohung erlebt. Wir werden nicht noch reicher werden, noch sicherer und noch privilegierter. Die schönste Hoffnung unserer Gesellschaften ist es deswegen geworden, Zukunft überhaupt zu vermeiden und in einer nie endenden Gegenwart zu leben.

Diese Zukunft aber kommt längst zu uns: in Form warmer Winter und cleverer Algorithmen, aber auch zu Fuß oder in Booten, in Gestalt von Menschen. Reiche Gesellschaften können sich Zeit kaufen, um große Veränderungen hinauszuschieben, aber sie kaufen sie auf Kredit von ihren Kindern.

IV

Kein Wunder, dass es viele Menschen angesichts dieser dauernden und fließenden Destabilisierung mit der Angst zu tun bekommen, und so sehen sich immer mehr Menschen nach Alternativen zu einem System um, das ihre Ängste nicht beschwichtigen kann, das keinen realistischen Grund zur Hoffnung bietet. Die liberale Demokratie aber hat mit der Religion eins gemeinsam: Sie kann nur dann bestehen, wenn genug Menschen an sie glauben.

Tatsächlich aber ziehen sich immer mehr Menschen zurück – aus der Demokratie, aus der Verantwortung, aus dem ganzen Getue mit Freiheit, Gleichheit und Solidarität. Es ist der Rückzug vom globalen Markt in die Festung Europa.

Das Stück, das zwischen den Kulissen der Aufklärung aufgeführt wird, droht uns völlig zu entgleiten.

V

Wir sind alle Kinder der Aufklärung, sagen wir, und benutzen diesen Satz als eine Art Regenschirm gegen das Unbekannte. Wir sind Nachkommen von Pionieren, die etwas riskiert haben, um uns ein bequemes Leben mit verbrieften Rechten zu ermöglichen, eine Generation von Erben, die sich heimlich für moralisch überlegen hält, weil ihre Vorfahren einmal mutig waren.

Vielleicht ist es an der Zeit, endlich erwachsen zu werden.

Erwachsenwerden heißt immer, sich den eigenen Ängsten zu stellen. Angesichts der Politik von Angst und Hass, die sich auch in Europa immer weiter ausbreitet, ist es an der Zeit zu begreifen, dass neben der Erderwärmung heute noch ein weiterer Klimawandel stattfindet, ein Wandel der zivilisierten und oft ungeschriebenen Regeln und Haltungen, durch die Demokratie erst möglich wird.

Die liberale Demokratie ist eine sehr junge und fragile Regierungsform, ein historisches Experiment mit offenem Ausgang. Demokratie in unserem Sinn gibt es auch in vielen Ländern Europas überhaupt erst seit wenigen Jahrzehnten, und in manchen wird sie längst aktiv ausgehöhlt. Sie ist kein Naturzustand, sondern läuft immer Gefahr, selbst zur Kulisse zu verkommen, zum Legitimisierungstheater für Autokraten.

Demokratie kann die Voraussetzungen, die sie braucht, um zu bestehen, nicht selbst schaffen.

Sie ist nicht nur auf starke Institutionen angewiesen, sondern auch auf weniger klar definierbare Voraussetzungen: auf ein gewisses Grundverständnis, auf eine Art von Anständigkeit, Selbstkontrolle, Respekt im Umgang mit anderen, Respekt vor Fakten. Wenn diese Voraussetzungen unterminiert werden, gerät die Demokratie aus dem Gleichgewicht und wird irgendwann zusammenbrechen.

Das macht es so gefährlich, dass wir in ängstlichen Gesellschaften leben. Ängstliche Menschen denken anders, nehmen die Welt anders wahr als zuversichtliche. Jene, deren Beruf und Strategie es ist, Wählerinnen und Konsumenten zu manipulieren, wissen: Wer die Ängste kontrolliert, kontrolliert auch die Menschen.

So verschiebt sich das Meinungsklima fast unversehens weg von Ideen wie Menschenrechten und Freiheit und hin zu Identität und Sicherheit in einer feindlichen Welt und damit von der Diskussion zur Konfrontation.

Vor dieser Drohkulisse verblasst die rationalistische Aufklärung zum Scherenschnitt mit gepuderter Perücke.

VI

Ist also die Aufklärung überholt, ist sie hoffnungslos kompromittiert durch ihre Nähe zur Macht, oder ist sie, wie manche argumentieren, überhaupt ein Fehler gewesen, ein historischer Irrweg?

Aufklärung ist riskantes Denken. Wir, die Erben, wollen dieses Risiko nicht mehr eingehen. Wir wollen eigentlich keine Zukunft, wir wollen nur, dass unsere privilegierte Gegenwart nie aufhört, obwohl sie zusehends um uns herum bröckelt und gespalten wird.

Um das, was kommt, nicht zu erleiden, sondern zu gestalten, bedarf es nicht nur neuer Technologien und Effizienzsteigerungen, keiner hohen Mauern und keiner Abschreckung, sondern einer Transformation des westlichen Lebensmodells, denn erst, wenn Menschen wieder einen realistischen Grund zur Hoffnung haben, wird die Angst verschwinden.

Dafür brauchen wir den Mut, wieder etwas zu riskieren beim Nachdenken über die Welt und über die eigene Position in ihr. Die Aufklärung ist nötiger denn je, aber nicht in ihrer rationalistischen Verengung oder ihrer ökonomischen Parodie.

.

Für meinen besonderen Freund, den Enzyklopädisten Denis Diderot, war die Erfüllung des Lebens schon Mitte des 18. Jahrhunderts nicht die Rationalität, sondern die volupté, die Sinnlichkeit, die Lust. Wir leben nicht aus Vernunft allein; wir verdanken unser Leben buchstäblich dem Begehren, dem Eros, der uns täglich antreibt weiterzumachen, der uns den Mut gibt, Rückschläge zu überwinden, neue Möglichkeiten zu suchen, mit anderen zu kommunizieren.

Aber Sinnlichkeit ist kein Wettbewerb rationaler Individuen. Begehren und Empathie brauchen, suchen Kommunikation und Berührung, schaffen Auseinandersetzung und Solidarität.

Ich bin Mensch, weil ich begehre, weil ich mit anderen Menschen mitempfinde; und ich kann nur dann gut leben, wenn auch andere es tun. – Und plötzlich entsteht aus dem Begehren eine Ethik. Das aufgeklärte Denken beginnt, zu unserer Leidenschaftlichkeit zu sprechen – und sogar zu unserer Angst.

VII

Was wäre, wenn eine neue, dringend gebrauchte Aufklärung mit einer Rehabilitierung der Leidenschaft beginnen würde? Was wäre, wenn wir uns selbst als leidenschaftliche Wesen begreifen würden? Was wäre, wenn wir lernen würden, uns als aufgeklärte Menschen im Licht der Wissenschaft als Homo sapiens zu verstehen, als eine Art, die 98 Prozent ihres Erbguts mit Schimpansen teilt und deren besondere Begabung – eine Art symbolisch abstrahierende Schlauheit – sie innerhalb von wenigen Jahrtausenden unerwartet erfolgreich und zahlreich gemacht hat?

Dann würden wir begreifen, dass wir nicht erhaben sind über die Natur, sondern mitten in ihr. Wir würden sehen, dass wir nicht die Krone der Schöpfung sind, dass die Erde uns nicht untertan ist, sondern dass wir ein winziger Teil eines komplexen Systems sind, das übrigens auch ohne uns weiterbestehen wird.

Homo sapiens würde lernen, sich selbst als hochinteressanten, aber problematischen Primaten zu begreifen, der nicht immer die Klugheit hat, seine Leidenschaft oder seine Intelligenz sinnvoll einzusetzen, und den es trotz oder wegen aller technologischen Errungenschaften mehr denn je nach Zugehörigkeit, Stabilität und Sinn verlangt.

Da aber die Stabilität der westlichen Gesellschaften auf ständigem wirtschaftlichen Wachstum beruht, ist er gezwungen, unentwegt seinen künstlichen Heißhunger zu befriedigen. Dieser Heißhunger lässt sich nur auf Kosten anderer stillen – und viele von diesen anderen haben das begriffen und wollen lieber beim großen Fressen dabei sein als beim großen Verhungern. Auch so entsteht globale Migration.

Die Wirtschaftsleistung unterdessen wächst und wächst, also ist die Gesellschaft, die Regierung, das Land erfolgreich, zumindest aus der Sicht der offiziellen Beurteilungen. Aus der Perspektive der Natur stellt sich die Sache freilich anders dar.

Einer unserer wichtigsten kulturellen Partnerorganismen ist Hefe, die es Menschen seit Jahrtausenden ermöglicht, Dinge wie Brot, Bier und Wein zu produzieren. Hefe ist ein einzelliger Pilz, der sich explosiv vermehrt, indem er Zucker frisst, immer weiter, unersättlich, bis alle Ressourcen aufgebraucht sind und er an seinen eigenen Ausscheidungen erstickt und verhungert.

Auf individuellem Niveau haben Hefepilze zwar keinen Mozart und keinen Shakespeare hervorgebracht; kollektiv aber scheinen Menschen über Jahrmillionen der Evolution wenig mehr gelernt zu haben als die Hefe.

Wir fressen uns dem eigenen Ersticken entgegen.

Aber anders als Hefepilze kann Homo sapiens sein Verhalten durch Verständnis, Fantasie und Empathie ändern – und so vielleicht eine Zukunft möglich machen, in der die Ökonomie als Teil der Ökologie begriffen wird und Menschen als Primaten, die dazu neigen, sich selbst hoffnungslos zu überschätzen. Das wäre riskant für unseren Wohlstand und den Status quo. Das wäre aufklärerisch.

∎

Wer heute vierzehn ist, erbt eine Welt mit immensen Risiken. Wer aber bereit ist, die Dynamik des aufgeklärten Denkens gegen die Dogmen der Gegenwart zu kehren, wer bereit ist, selbst zu denken und riskant zu denken, kann Teil einer Zukunft werden, in der es sich zu leben lohnt; nicht als Kind oder als Erbe, sondern als Teil der Natur, als empathischer Primat – und aus Leidenschaft für ein gutes Leben.

Festrede, Salzburger Festspiele 2018
Freitag, 27. Juli 2018

BIBLIOGRAFIE

Acot, Pascal: *Histoire du climat*. Paris 2003.

Adas, Michael: *Machines as the Measure of Men: Science, Technology, and Ideologies of Western Dominance*. Ithaca, NY 1990.

Ahlstrom, A. P., et al.: Historically Unprecedented Global Glacier Decline in the Early 21st Century, in: *Journal of Glaciology* 61, Nr. 228 (2015), S. 745 ff.

Atran, Scott: *In Gods We Trust: The Evolutionary Landscape of Religion*. New York/Oxford 2002.

Atran, Scott: Why ISIS has the potential to be a world-altering revolution. Verfügbar unter https://aeon.co/essays/why-isis-has-the-potential-to-be-a-world-altering-revolution (zugegriffen am 5. März 2017).

Bannon, Steve, Transkript einer Rede vor dem Dignitatis Humanae Institute, veröffentlicht am 29.7.2014, verfügbar unter: https://www.buzzfeed.com/lesterfeder/this-is-how-steve-bannon-sees-the-entire-world?utm_term=.hhoLdg2O7#.rrJJVeBnZ.

Bernays, Edward: *Propaganda*. New York 1928, Neudruck 2005.

Blom, Philipp: *Böse Philosophen. Ein Salon in Paris und das vergessene Erbe der Aufklärung*. München 2011.

Blom, Philipp: *Die Welt aus den Angeln. Eine Geschichte der Kleinen Eiszeit von 1570 bis 1700 sowie der Entstehung der modernen Welt, verbunden mit einigen Überlegungen zum Klima der Gegenwart*. München 2017.

Bregman, Rutger: *Utopia for Realists: An Idea Whose Time*. London 2017.

Brynjolfsson, Erik, und Andrew McAfee. *The Second Machine Age. Wie die nächste digitale Revolution unser aller Leben verändern wird*. Kulmbach 2014.

Cheng, Lijing, et al.: Improved estimates of ocean heat content from 1960 to 2015, in: *Science Advances* 3, Nr. 3 (2017); verfügbar unter: http://advances.sciencemag.org/content/3/3/e1601545 (zugegriffen am 12. März 2017).

Collins, Randall: *The Sociology of Philosophies: A global theory of intellectual change.* Cambridge, MA 2009.

Conrad, Sebastian, Shalini Randeria und Beate Sutterlüty: *Jenseits des Eurozentrismus: postkoloniale Perspektiven in den Geschichts- und Kulturwissenschaften.* 2., erweiterte Aufl. Frankfurt am Main/New York 2013.

Cook, Benjamin I., Toby R. Ault und Jason E. Smerdon: Unprecedented 21st century drought risk in the American Southwest and Central Plains, in: *Science Advances* 1, Nr. 1 (2015); verfügbar unter: http:// advances.sciencemag.org/content/1/1/e1400082 (zugegriffen am 7. April 2017).

Cook, Edward: Asian Monsoon Failure and Megadrought During the Last Millennium, in: *Science* 328 (2010), S. 486–489.

Cook, Edward R., et al.: Old World megadroughts and pluvials during the Common Era, in: *Science Advances* 1, Nr. 10 (2015); verfügbar unter: http://advances.sciencemag.org/content/1/10/e1500561 (zugegriffen am 7. April 2017).

Eribon, Didier: *Rückkehr nach Reims.* Frankfurt am Main 2016.

Foa, Roberto Stefan, und Yascha Mounk, The Danger of Deconsolidation: The Democratic Disconnect, in: *Journal of Democracy* 27 (Juli 2016), S. 5–17.

Ford, Martin: *Aufstieg der Roboter. Wie unsere Arbeitswelt gerade auf den Kopf gestellt wird – und wie wir darauf reagieren müssen.* Kulmbach 2016.

Frey, Carl Benedikt, und Michael A. Osborne, The Future of Employment: How Susceptible are Jobs to Computerization?, 17. September 2013, verfügbar unter: http://www.oxfordmartin.ox.ac.uk/downloads/ academic/The_Future_of_Employment.pdf

Fukuyama, Francis: *Das Ende der Geschichte.* München 1992.

Fukuyama, Francis: *The Origins of Political Order: From Prehuman Times to the French Revolution.* New York 2011.

Fukuyama, Francis: *Political Order and Political Decay: From the Industrial Revolution to the Globalization of Democracy.* New York 2014.

Graeber, David: *Schulden. Die ersten 5000 Jahre.* Stuttgart 2012.

Graeber, David: *Bürokratie – die Utopie der Regeln.* Stuttgart 2016.

Gray, John: *Von Menschen und anderen Tieren. Abschied vom Humanismus.* Stuttgart 2010 (Zit. S. 14 f.).

Hochschild, Arlie Russell: *Strangers in Their Own Land: Anger and Mourning on the American Right.* New York 2016.

Hofstetter, Yvonne: *Das Ende der Demokratie: Wie die künstliche Intelligenz die Politik übernimmt und uns entmündigt*. München 2016.

Horn, Eva: *Zukunft als Katastrophe*. Frankfurt am Main 2014.

Hsiang, Solomon M., Marshall Burke und Edward Miguel: Quantifying the Influence of Climate on Human Conflict, in: *Science* 341, Nr. 6151 (13. September 2013); verfügbar unter: http://advances.sciencemag.org/content/341/6151/1235367 (zugegriffen am 7. April 2017).

Judt, Tony: *Dem Land geht es schlecht. Ein Traktat über unsere Unzufriedenheit*. München 2011.

Kelley, Colin P., et al.: Climate change in the Fertile Crescent and implications of the recent Syrian drought, in: *Proceedings of the National Academy of Sciences*, 17. März 2015, Bd. 112, Nr. 11, S. 3241–3246.

Kentridge, William: *Sechs Zeichenstunden. Die Charles Eliot Norton Vorlesungen, 2012*. Köln 2016.

Kershaw, Ian: *Höllensturz. Europa von 1914 bis 1938*. München 2016.

Kolbert, Elizabeth: *Das sechste Sterben. Wie der Mensch Naturgeschichte schreibt*. Berlin 2015.

Lamb, Hubert H.: *Klima und Kulturgeschichte. Der Einfluß des Wetters auf den Gang der Geschichte*. Reinbek bei Hamburg 1997.

Lessenich, Stephan: *Neben uns die Sintflut. Die Externalisierungsgesellschaft und ihr Preis*. Berlin 2016.

Louis, Édouard: *Das Ende von Eddy*. Frankfurt am Main 2015.

Mason, Paul: *Postkapitalismus. Grundrisse einer kommenden Ökonomie*. Berlin 2016.

Mishra, Pankaj: *Age of Anger: A History of the Present*. London 2017.

Mounk, Yascha: *The People Versus Democracy: The Rise of Undemocratic Liberalism and the Threat of Illiberal Democracy*. Cambridge, MA (i. E.).

Müller, Jan-Werner: *Was ist Populismus?* Berlin 2016.

Popper, Karl R.: *Die offene Gesellschaft und ihre Feinde* (1945). Tübingen 2003.

Rajan, Raghuram G., und Luigi Zingales: *Saving Capitalism from the Capitalists: Unleashing the Power of Financial Markets to Create Wealth and Spread Opportunity*. Princeton, NJ 2004.

Reich, Robert: *Superkapitalismus. Wie die Wirtschaft unsere Demokratie untergräbt*. Frankfurt am Main/New York 2008.

Reybrouck, David van: *Gegen Wahlen: Warum Abstimmen nicht demokratisch ist*. Göttingen 2016.

Rödder, Andreas: *21.0. Eine kurze Geschichte der Gegenwart*. München 2016.

Ruddiman, William: *Plows, Plagues, and Petroleum: How Humans Took Control of Climate*. Princeton, NJ 2005.

Sandel, Michael J.: *Was man für Geld nicht kaufen kann. Die moralischen Grenzen des Marktes*. Berlin 2012.

Saul, John Ralston: *Voltaire's Bastards: The Dictatorship of Reason in the West*. New York 2013.

Scheffer, Paul: *Die Eingewanderten. Toleranz in einer grenzenlosen Welt. Mit einer Einleitung zur Neuausgabe*. München 2016.

Schmid, Ulrich M.: Interview mit Ljudmila Ulitzkaja, in: *Neue Zürcher Zeitung*, 6. März 2017, verfügbar unter https://www.nzz.ch/feuilleton/aktuell/interview-mit-ljudmila-ulitzkaja-sie-denken-noch-wir-sehen-fern-ld.149034.

Sennett, Richard: *Handwerk*. Berlin 2008.

Sennett, Richard: *Zusammenarbeit. Was unsere Gesellschaft zusammenhält*. Berlin 2012.

Srnicek, Nick, und Alex Williams: *Die Zukunft erfinden. Postkapitalismus und eine Welt ohne Arbeit*. Berlin 2016.

Stiglitz, Joseph: *Der Preis der Ungleichheit: Wie die Spaltung der Gesellschaft unsere Zukunft bedroht*. München 2014.

Tepperman, Jonathan: *The Fix: How Nations Survive and Thrive in a World in Decline*. New York 2016.

Trentmann, Frank (Hg.): *The Oxford Handbook of the History of Consumption*. Oxford/New York 2012.

US Department of Defense: National Security Implications of Climate-Related Risks and a Changing Climate, 23. Juli 2015, verfügbar unter: http://archive.defense.gov/pubs/150724-congressional-report-on-national-implications-of-climate-change.pdf?source=govdelivery (zugegriffen am 7. April 2017).

Vance, J. D.: *Hillbilly-Elegie. Die Geschichte meiner Familie und einer Gesellschaft in der Krise*. Berlin 2017.

Verhaeghe, Paul: *Und ich? Identität in einer durchökonomisierten Gesellschaft*. München 2012.

Wagner, Gernot, und Martin L. Weitzman: *Klimaschock. Die extremen wirtschaftlichen Konsequenzen des Klimawandels*. Wien 2016.

Weiß, Volker: *Die autoritäre Revolte. Die Neue Rechte und der Untergang des Abendlandes*. Stuttgart 2017.

Young-Bruehl, Elisabeth: *Hannah Arendt. Leben, Werk und Zeit*. Erweiterte Ausgabe mit neuem Vorwort. Frankfurt am Main 2016.